道徳授業改革シリーズ

道徳授業で「深い学び」を創る

堀　裕嗣 著

明治図書

まえがき

かなり挑戦的な本を書いたつもりである。私は道徳授業については，ずぶの素人である。道徳教育についてもこれまで真剣に考えたことがない。2005年・2006年の２年間にたまたま文科省の「命の教育」の指定校に勤務していた折り，これもたまたま研修担当だったので仕方なく中心的に取り組まざるを得なかったという経験ならもっている。しかしそれも指定が解けるとともにすぐにやめてしまい，顧みることさえなくなった。

私は「道徳教育者」ではない。「文学教育者」である。文学教育者は毒のない物語が反吐が出るほどに嫌いである。この世に必要のないものだとさえ感じている。人間の本質を捉えていない。キレイゴトばかりが並んでいる。道徳教材に対して私はそうした認識をもっている。ときに文学作品から毒気を抜き，都合のいいようにリライトして教科書に載せているのを見るにつけ，作品への冒涜，文学への冒涜であると憤りさえ感じる。

しかし時代は道徳の教科化である。こんな私でもどうやら道徳の授業について真剣に考えざるを得ない時代が到来したようである。では，毒気のある道徳を開発してやろうじゃないか。そんな想いで道徳の授業研究を始めた。

「文学教育者」が道徳の授業づくりを行うことはそれほど難しくはない。「文学教育」とは「文学作品の教育」のことではない。「文学的思考の教育」「文学的感受の教育」のことである。教材が文学作品である必要はまったくないのだ。ある事象から文学的思考を喚起する題材を見つけてそれを授業化すれば十分に文学教育になる。日常から文学的感受を喚起する題材を見つけて授業化すれば十分に文学教育になる。そういうものだ。

今回の改訂で道徳授業には「自己を見つめ」たり，「物事を多面的・多角的に考え」たり，「自分の生き方についての考えを深め」たりといったことが求められるようになった。これらは多少の拡大解釈をすれば「文学教育」の理念と同じである。「問題意識喚起の文学教育」とか「十人十色の文学教育」とか「状況認識の文学教育」とか「関係認識の文学教育」とか「自己認識の文学教育」とか，理念的な大枠としては今回の改訂道徳と共通する部分は枚挙に暇がない。前者が人間や人間社会のポジティヴな面にのみ目を向けているのに対し，後者が毒気をもってポジティヴな面よりはネガティヴな面にこそ目を向けているという違いがあるだけである。その意味では，私は此度の道徳の授業研究には入り込みやすかった経緯がある。むしろ年間35時間もの人間を裏返したり社会を切り刻んでみたりという文学的思考の舞台を得られたことに感謝さえするようになっている。裏返したり切り刻んだりしてみないと，「自己を見つめること」も「多面的・多角的に考えること」も「自分の生き方についての考えを深めること」もできない。多くの「道徳教育者」にはその認識が欠けている。或いは欠けているとまでは言わないまでも圧倒的に足りない。私はそう感じている。

本書はこんなスタンスでいる，道徳教育・道徳授業に関して語るには少々問題のある私が，「子どもたちに機能する道徳というのはこういうものではないでしょうか」と問題提起することを趣旨としている。道徳授業づくりの在り方として提案されてはいるものの，理念的には文学教育理論を下敷きにしているものが多いし，授業づくりに関しては国語科教育を下敷きにしているものが多い。道徳教育についてまともに勉強したことがないのだから当然といえば当然である。私にはそれしかできない。しかし，だからこそ，道徳授業の専門家から見ると，私のつくる授業は新鮮に見えるようである。それに対して私は高見から発言するつもりもないし，流行りの言葉で言えば道徳授業の専門家に対してマウンティングするつもりもない。別に皆さんが影響を受けても受けなくても構いませんが，私にはよりよい道徳授業というものがこういうものに見えますよ，と提示するのみである。

本書は道徳授業づくりの在り方に困っているという教師たちにHOW TOを提示する構成にはなっていないと思う。できるだけそうした書き方をとは心がけたつもりではあるが，限界を感じざるを得なかった。ただ読者の皆さんには，私の道徳授業づくりに対する本気度だけは伝わるはずである。本書の問題提起が幾人かでも道徳授業づくりに本気になっている教師たちを触発することができたら，それは望外の幸甚である。

堀　裕嗣

Contents

3 自主開発道徳・授業づくりの位相

4 教科書道徳・授業づくりの位相

1

道徳授業改革の位相

1 行動評定は居心地が悪い

学期末，学級担任として通知表の「行動の記録」を記入する。「基本的生活習慣が身についている」とか，「責任感をもって自分の役割を果たす」とか，指導要録に従った10項目が並んでいて，この子には身についてるなと評価できるものに○をつける。これが生徒指導要録の所謂「行動評定」のもとともなる。高校入試の個人調査書にも記載される重要な評価である。

私はいつも，この「行動の記録」を記入するのに臆する。できればこれを放棄したいと思う。仕事だから仕方なく記入するけれど，自分にこれを記入する資格があるのかなあ……と感じるのだ。

自分には「基本的生活習慣」が身についているだろうか……。

私は夏休みや冬休みは気分次第で急に年休を取る。一度休むと３日も４日も連続して休む。そんなときは昼夜逆転することもしばしばだ。この文章を書いているのも冬休み中の平日なのだが，実は今日も朝起きて「行きたくないな……」と感じて年休を取った。勤務も遅刻こそしないけれど，出勤時間ぎりぎりの出勤を常としている。気分が乗らなければ一日の勤務をだらだらと過ごすこともある。出勤簿を押し忘れるなんてことはしょっちゅうだし，提出物の〆切を過ぎることもままある。今日やろうと決めたことを「まあいいや」と明日に延ばすことだって日常茶飯だ。

それでも年齢を重ね，社会の構造を理解してきた最近はまだいい方で，若い頃はもっともっとひどかった。そういう自覚もある。学生時代など２年間はほとんど大学に行かずに自由を満喫していた時期さえあった。とてもここには書けないようなことをやっていた記憶もある。少なくとも職に就いてから最初の10年間くらいは，私は「責任感」とは無縁の社会人生活を送っていた自信がある。要するに，「好きなこと」にしか一生懸命に取り組まなかったわけだ。それでも首を斬られることもなく，なんとなく30年近く仕事を続けてこられている。

そんな自分が生徒たちの学校生活上のあれこれを評価する。それも年に３

回，かなり頻繁と言える回数だ。それが記録として残る。間違いなく彼ら彼女らの人生に影響を与えることになる評価である。それもかなりの重みをもって。自分のことを棚に上げて……。

お尻や背中がむずむずするような，或いは胸になにか不安を感じて心臓が波打つような，「行動の記録」を記入する度に私はそんな居心地の悪さを感じる。

2 道徳の授業も居心地が悪い

実は，私は道徳の授業にも同様の居心地の悪さを感じている。

道徳の授業では，私から見ると「そんなことできるわけない……」と思われるようなエピソードが並んでいる。或いは「ああ，これと同質の失敗をついこの間もしたな……」というような，身につまされるエピソードもある。それでいて前者からは「この人のように強い意志をもって生きよう」，後者からは「この人のような失敗をするのが人間ではあるけれど，こういうことに陥らないように常に自分を省みて行動しよう」というような結論が導かれる。授業をしながら，いや，人知れず行われる資料の初読の段階で，私は思わず苦笑してしまう。

どのツラ下げてこんなこと言えるのか……。

私は自嘲する。

生徒たちの中には，私なんかよりもはるかに自分を律しながら日々を過ごしている者がいる。たくさんいる。私が驚くような責任感をもって委員会活動や係活動に取り組む者もいる。確かに職員会議で提案され，確かに学級でも確認したのだが，当日になって委員の子から指摘され，「あっ，忘れてた」と私自身が慌ててしまうなんてのは日常茶飯である。「今度から先生が慌てないように，前日に言ってくれると嬉しいなあ……」などと笑顔で言うと，次回には使命感をもって前日に伝えてくれる。これはどう考えても私より責任感がある。

生徒たちの中には，私など足下にも及ばないほどに思いやりをもって他人に接する者がいる。他人の相談事への対応や，他人の困り事の解決や，他人の仕事を手伝うことに自分の時間を費やすことを厭わない。自分のことを後回しにしてでも他人の困り感を優先する。まあ，大人にもそういう人がいるので，おそらくそれは大人になってから身につけたものではなく，少なくとも中学生の時点では既に身についているものなのであろう。そんなことさえ感じさせる生徒たちが私の学級にも少なからずいる。

彼ら彼女らは，少なくとも道徳の内容項目の一部においては，私よりも優れている。それも圧倒的に優れている。

そんなとき，私はやはり，お尻や背中がむずむずしてきて，心臓が得体の知れない不安に高鳴るのだ。どうにも居心地が悪い。

3 内容項目は更に居心地が悪い

ためしに中学校の内容項目を挙げるので，これをチェックリストとして自分自身ができていると思われるものをチェックしてみてほしい。生徒たちに教える項目，授業で扱う項目として見るのではなく，自分自身ができているか否かを自己評価してみるのだ。しかも，できれば少しだけ他人の視点を想定してみる。職員室の先生方は自分に対して，「うん，あなたはこれは身についているね」と言ってくれるだろうか。そんなことを考えてみるのである。

【A　主として自分自身に関すること／５点満点】

□　自律の精神を重んじ，自主的に考え，判断し，誠実に実行してその結果に責任をもつこと。

□　望ましい生活習慣を身に付け，心身の健康の増進を図り，節度を守り節制に心掛け，安全で調和のある生活をすること。

□　自己を見つめ，自己の向上を図るとともに，個性を伸ばして充実した生き方を追求すること。

□　より高い目標を設定し，その達成を目指し，希望と勇気をもち，困難や失敗を乗り越えて着実にやり遂げること。

□　真実を大切にし，真理を探究して新しいものを生み出そうと努めること。

【B　主として人との関わりに関すること／４点満点】

□　思いやりの心をもって人と接するとともに，家族などの支えや多くの人々の善意により日々の生活や現在の自分があることに感謝し，進んでそれに応え，人間愛の精神を深めること。

□　礼儀の意義を理解し，時と場に応じた適切な言動をとること。

□　友情の尊さを理解して心から信頼できる友達をもち，互いに励まし合い，高め合うとともに，異性についての理解を深め，悩みや葛藤も経験しながら人間関係を深めていくこと。

□　自分の考えや意見を相手に伝えるとともに，それぞれの個性や立場を尊重し，いろいろなものの見方や考え方があることを理解し，寛容の心をもって謙虚に他に学び，自らを高めていくこと。

【C　主として集団や社会との関わりに関すること／９点満点】

□　法やきまりの意義を理解し，それらを進んで守るとともに，そのよりよい在り方について考え，自他の権利を大切にし，義務を果たして，規律ある安定した社会の実現に努めること。

□　正義と公正さを重んじ，誰に対しても公平に接し，差別や偏見のない社会の実現に努めること。

□　社会参画の意識と社会連帯の自覚を高め，公共の精神をもってよりよい社会の実現に努めること。

□　勤労の尊さや意義を理解し，将来の生き方について考えを深め，勤労を通じて社会に貢献すること。

□　父母，祖父母を敬愛し，家族の一員としての自覚をもって充実した家庭生活を築くこと。

□　教師や学校の人々を敬愛し，学級や学校の一員としての自覚をもち，協力し合ってよりよい校風をつくるとともに，様々な集団の意義や集団の中での自分の役割と責任を自覚して集団生活の充実に努めること。

□　郷土の伝統と文化を大切にし，社会に尽くした先人や高齢者に尊敬の念を深め，地域社会の一員としての自覚をもって郷土を愛し，進んで郷土の発展に努めること。

□　優れた伝統の継承と新しい文化の創造に貢献するとともに，日本人としての自覚をもって国を愛し，国家及び社会の形成者として，その発展に努めること。

□　世界の中の日本人としての自覚をもち，他国を尊重し，国際的視野に立って，世界の平和と人類の発展に寄与すること。

【D　主として生命や自然，崇高なものとの関わりに関すること／４点満点】

□　生命の尊さについて，その連続性や有限性なども含めて理解し，かけがえのない生命を尊重すること。

□　自然の崇高さを知り，自然環境を大切にすることの意義を理解し，進んで自然の愛護に努めること。

□　美しいものや気高いものに感動する心をもち，人間の力を超えたものに対する畏敬の念を深めること。

□　人間には自らの弱さや醜さを克服する強さや気高く生きようとする心があることを理解し，人間として生きることに喜びを見いだすこと。

いかがだろうか。読者の皆さんはこの22点満点中，自分は何点だと自己評価しただろうか。そして職員室の同僚たちはあなたを何点と見ていると想定されただろうか。

私は数年前，この新しい内容項目が提示されたとき，ふと自分はどの程度できているかな……と目を通してみて愕然とした。明らかに０点だった。他人から評価されることまで想定すれば，マイナスだろうと思われるもの，つまりは周りに悪影響を与えているだろうと思われるものさえ少なくなかった。おいおい，こりゃたいへんなことだ……。こんなことできるわけないじゃないか。正直そう感じた。

4 低学年の内容項目さえ壮大だ

しかしまあ，中学生は青年前期，理想論として多少は高度なことを求めることもあろう。私は誰も見ていないというのに，誰も自分の心のうちなど見られないとわかっているのに，自分に言い訳しながら小学校の内容項目を同様に眺めてみることにした。しかし高学年にも同様に愕然とし，中学年はどうか，低学年ならどうか……と下りていった。そして同様に愕然とせざるを得なかったのである。

ちなみに低学年が以下だ。同様にチェックしてみてほしい。

【A　主として自分自身に関すること／５点満点】

□　よいことと悪いこととの区別をし，よいと思うことを進んで行うこと。
□　うそをついたりごまかしをしたりしないで，素直に伸び伸びと生活すること。
□　健康や安全に気を付け，物や金銭を大切にし，身の回りを整え，わがままをしないで，規則正しい生活をすること。
□　自分の特徴に気付くこと。
□　自分のやるべき勉強や仕事をしっかりと行うこと。

【B　主として人との関わりに関すること／４点満点】

□　身近にいる人に温かい心で接し，親切にすること。
□　家族など日頃世話になっている人々に感謝すること。
□　気持ちのよい挨拶，言葉遣い，動作などに心掛けて，明るく接すること。
□　友達と仲よくし，助け合うこと。

【C　主として集団や社会との関わりに関すること／７点満点】

□　約束やきまりを守り，みんなが使う物を大切にすること。
□　自分の好き嫌いにとらわれないで接すること。

□　働くことのよさを知り，みんなのために働くこと。
□　父母，祖父母を敬愛し，進んで家の手伝いなどをして，家族の役に立つこと。
□　先生を敬愛し，学校の人々に親しんで，学級や学校の生活を楽しくすること。
□　我が国や郷土の文化と生活に親しみ，愛着をもつこと。
□　他国の人々や文化に親しむこと。

【D　主として生命や自然，崇高なものとの関わりに関すること／3点満点】
□　生きることのすばらしさを知り，生命を大切にすること。
□　身近な自然に親しみ，動植物に優しい心で接すること。
□　美しいものに触れ，すがすがしい心をもつこと。

これが7，8歳の児童に求められているのである。私は，何と言うのだろう，ある種の「凄まじさ」を感じた。
言葉が易しくはなっているけれども，書いてあることは中学校とほぼ同じなのである。それどころか修飾が少なくなり使われる言葉が大雑把になり抽象度が上がっていてさまざまな解釈可能性が広がっているだけに，自分の「できなさ」「できてなさ」がより切実に迫ってさえくるのである。おいおい，こりゃたいへんなことだ……。こんなことできるわけないじゃないか。私はもう笑うしかなかった。

5　物事の要因は複合的だ

これをつくった人たちは間違いなく優秀である。小学校低学年から中学年，高学年から中学校と見事な系統性を構想している。感心するばかりだ。そしてこの程度のことは人として当然であり，全国民が身につけるべきだと考えているのだろう。当然，教師にはこれら22項目のすべてにおいて及第点を大きく超える姿勢が求められるはずである。

しかし，これをつくった審議会の人たちや行政マンたちは，自分にこれらすべてが身についているつもりなのだろうか。どうもそういう奢りというか欺瞞というか，そういうものがないとこれはつくれないような気が私などはしてしまうのだ。どうなのだろう……。

と，こんなことを考えていて，私はちょっと休憩と，保存していたネット記事を眺め始めた。ちょうど去年の夏の記事である。

鹿児島県の三反園訓知事が海外訪問先の地元県人会懇親会の席上，会の世話役を担っていた旅行会社の女性添乗員を一方的に怒鳴りつけた，というのである。報道によれば，事の経緯はこういうことらしい。

三反園知事はブラジル鹿児島県人会の記念式典出席などで関係者数十人とともにサンパウロを訪問した。女性は添乗員として同行していた。懇親会で席をはずしていた知事が会場に戻ると，県議長が締めくくりの挨拶をしていた。それを見て知事は突然，女性を呼び捨て「誰が会を閉じていいと言った！」などと大きな声で叱責したのだと言う。議長の挨拶は止まり，女性はうつむいたまま。懇親会は最後の最後にいやな雰囲気に包まれたと言う。県議の一人が「県政トップの言動とは思えない」と批判した。知事は県議長には翌日に謝罪，しかし女性への謝罪はないと言う。また知事はこの件に関する複数のメディアからの取材依頼を拒否していると言う（以上2018年８月１日までの報道による）。

私はこの記事を読んだとき，正直なところ，「これ，記事にする必要あるのかな……」と感じた。別に正しい行いじゃないけど，酒の席ならあるだろ，こんなことくらい……というわけである。殊更全国紙の記事にしなくても，ちゃんと謝罪して当の本人同士で解決すればいい問題なのではないか。本人も反省して今後は気をつけるだろうに。そう思ったわけだ。

しかしおそらく，マスコミの側から見ればこのエピソードはニュースバリューがあるのだろう。ここからは私の憶測が多分に入るので話半分に読んでほしいのだが，三反園訓知事といえば90年代にはテレビ朝日「ニュースステーション」でコメンテーターを務めていた人物である。リベラル派の論客で，少なくともリベラル派の視聴者から見ればかなり説得力のある政治論評を示していた。その人物がこれか……ということなのだろうと思う。三反園知事には，「反原発」を旗印に原発反対派の選挙協力を取りつけて当選しておきながら，就任後は川内原発の施策で二転三転した経緯もある。「いったいあのかつてのニュースステーションでの解説は何だったのか」というわけだ。おまけに三反園知事には『総理大臣の器』（講談社，2006年）というリーダーの在り方を批判的に論じた著作まである。そうした意味ではこんな些細な不祥事でもニュースバリューがあるということなのだろうと思う。

まあ，知事という地位にある人だし，怒鳴って威嚇してるし，相手は営業系の人だから利害関係があって逆らえないし，しかも女性だし……。問題点はいろいろある。しかも，席に戻ったとき，県議長が締めの挨拶をしていたわけで，その意味では議長だって知事の中座に気づかず，添乗員の女性と同罪であるはずだ。なのに三反園知事の叱責はなぜ，この女性にのみ向けられたのか。やはり民間軽視の思い上がりがあったのではないか……。とまあ，想像すれば三反園知事が責められるべき点はいくらでも挙げられる。

しかしである。そもそも構成メンバーのトップが席をはずしているところで会を閉じるなんてことは，実は世の中の職業人のほとんどがしないことであることもやはり事実なのである。校長がトイレに立っているときに幹事が気づかずに宴会を締めるなんてことは普通はあり得ない。幹事や司会が気づかなくても誰かが気づいて制止するものだ。その意味では，添乗員女性にも落ち度はあるし，県議長にいたっては穿った見方をすれば三反園知事を軽視していた疑いさえある。もしかしたらその場にいた人たちは多くが知事派ではなく県議長派だったのかもしれない。もしそうだとしたら，知事の怒りもこの場限りのことではなく，日常的な不満がつい出たということなのかもしれないではないか……。

とまあ，想像は尽きないわけだが，現実の事案というものは，このように「その事案」だけではなく，「さまざまな複合要因」によって起こるものなのである。しかし，三反園知事は「県知事だから」「かつてリベラル発言をしていたから」という三反園氏個人の要因のみによって責められる。それが世の中の構造なのである。

6 矢面に立たされる

同じ時期，自民党杉田水脈衆議院議員によって『新潮45』誌（2018年８月号）に寄稿された文章が物議を醸していた。結果的に『新潮45』誌が実質的な廃刊にまで追い込まれる元となった記事なので，ご記憶の方も多いと思う。

杉田議員の寄稿した文章は「『LGBT』支援の度が過ぎる」というもので，LGBT の支援団体を中心にかなり大きな反発が出ていて，ネットを眺めているだけでもずいぶんと批判記事が目につく。朝日や毎日は複数回にわたって反論記事を載せていたし，同じ自民党の石破茂議員や小泉進次郎議員も批判するコメントを出したということも記事になっていた。でも，もしかしたら反論する側が一面的な批判をしているのかもしれない，そもそもタイトルが「支援の度が過ぎる」だから，限られたリソースの分配として度を超えた支援が LGBT に施されているのでそれはさすがに度が過ぎているという主旨なのかと思って，私も『新潮45』を買った。

一読して驚いた。そもそも，最低でも30枚程度の論文が掲載されているのかと思いきや，なんと３頁半のデータも論証もない文章なのである。それも自分の経験談と LGBT 当事者の知人から聞いた話……というワンエピソードだけで結論づけられている。私には完全に感情論にしか見えなかった。これは批判されても仕方ない。政治家が公に発表していい文章ではない。いったいこの人は何がしたいのだろう……，なんでこんなにも LGBT 憎しと論とも言えない論陣を張るのだろう……と，不思議に思われもした。

私は正直，批判記事を読んだとき，杉田議員が，リソースは限られている，LGBT よりも優先順位の高い政策がたくさんある，従って度を超えた LGBT 支援は許されるべきでない，こうした論旨を述べているのだろうと考えていた。「『LGBT』支援の度が過ぎる」というタイトルにはそうした構造が示唆されているようにも見えた。そして，批判記事には少なからず一面的な捉えの部分があり，言い方・述べ方は悪いにしても杉田水脈議員の主張にも一理ある，そうした主張の異なる論者がお互いに都合のいい箇所ばかりを引用して批判し合う，そうした悪い議論の例として，今後，授業や自分の文章の具体例として使う目的で雑誌を買いに行ったわけだ。

ところがである。杉田議員の論理は①キリスト教社会やイスラム教社会ではLGBTが白い目で見られ，ときには迫害されてきたこともあったが，日本社会にはそのような歴史がないこと，②LGBTの「生きづらさ」においては社会的差別よりもむしろ両親に理解されないことの方が辛いとされる伝聞情報，③同性愛カップルは子どもをつくらないので「生産性」がなく，そこに税金を投ずるべきではないこと，の3点なのである。その他には「LGB」と「T」を一緒に論ずるべきでないこと，オバマ政権下で通達されたLGBT政策がトランプ政権で撤回されたこと，多様性を受け入れすぎると歯止めが利かなくなることなど，他国の例を挙げての主張も展開するが，いずれも話題は「LGBT」にのみ閉じられている。決して「支援の度が過ぎる」の「度」，即ち基準を考えるようなものではないのである。これは私には「看板に偽りあり」と思われた。

さて，杉田水脈議員の寄稿した文章内容の是非は措くとして，たいへん興味深かったのは，この件に関し，自民党がお咎め無しにしたことだ。自民党の二階幹事長は記者会見において，自民党はLGBT支援に努力しているし今後もその努力を続けるけれども，今回の事案に関しては「人それぞれ政治的立場，いろんな人生観，考えがある」として問題視しない姿勢を示したのである。これまた私の勝手な憶測だが，おそらく杉田議員のような意見をもっているのは自民党の一部（一部とは十数%とか二十数%とかのけっこうな規模の一部を想定している）にそれなりにいて，杉田議員を処分すれば党運営に支障を来しかねない，そうした判断があったのではないか。杉田議員はあくまでそうした勢力の急先鋒であるに過ぎないのではないか。いや，もっと言うなら，そうした勢力のバックには杉田議員の発言に賛同する自民党支持団体勢力があって，これまた支持者の十数％とか二十数％とかを占める規模のかなり大きな支持団体で，自民党が決して無視できないような支持団体だったのではないか。杉田議員の今回の主張が所謂個人の「失言」の域にとどまらず，「性的マイノリティ」への明らかな差別意識を前面に出して感情的に述べているからこそ，同じような考えをもつ政治家や支持団体に配慮せざるを得なくなったのではないか。

でも，こう考えてみたらどうだろう。

ある教師が個人の判断で雑誌に同様の文章を寄稿したとしよう。或いはブログに書いたとしよう。それを問題視する人が現れて，PTA や管理職，教委の知るところになったとしよう。私はもしも自分がそのような立場になったら，臨時の保護者説明会などでは済まされず，辞表を書かざるを得ないところまで行ってしまうのではないかと思う。校長や教委は絶対に「教師には人それぞれ教育的立場，いろんな人生観，考えがある」などとは言ってくれない（それで正しいのだろうけど……）し，もしマスコミ報道されるような事態になれば文部科学省からも「教育者としてあってはならない発言。指導を徹底したい」などというコメントさえ出るかもしれない。教師は自分が望む望まないにかかわらず，生徒・保護者の矢面に立たされている。

7　梯子をはずされる

矢面に立つという点で言えば，まさに杉田水脈議員は矢面に立たされていた。自ら蒔いた種だから当然のことだ。しかし，私が想像したように，おそらくは杉田議員も自分一人で，孤高の論理を展開したわけではあるまい。杉田議員は自分の周りの議員にも LGBT に対して自分と同じ感受を抱く者が多くいると思っているからああした発言ができるのであり，そうした議員たちの支持団体もまた同じような認識を LGBT に対して抱いていると考えているからこそああした寄稿もできるのである。もしかしたら自分はそのような人たちを代表して意見を述べたとさえ感じているかもしれない。だからこそ，彼女も多くの批判を浴びながら主張のトーンを変えることなく，謝罪することもなかったのだろう。

一方で杉田議員と同じような認識を抱いている議員たちはどうだろう。彼らは間違いなく我関せずの姿勢を取ったはずだ。杉田議員に「よく言った！」と感じているにしても「直接的に言ってしまって馬鹿だなあ……」と思っているにしても，いずれにしてもだんまりを決め込む姿勢についてだけは共通する。関わり合って自分にまで矢が向かってきてはたまらない。当然といえば当然である。杉田議員のような認識を支持する団体も，同じ理由で同様にだんまりを決め込むはずである。矢面に立つ人とその背後にいる人たちとの間には，多くの場合こうした関係性がある。

先の三反園訓知事の件にしても同様である。三反園候補擁立にあたってもおそらくはその擁立を画策し，選挙戦略を立てた人物・団体がいるはずなのだ。しかも彼らは当選の後に原発政策が二転三転するであろうことがわかったうえで，原発反対派を選挙で取り込み，選挙戦を優位に進めようとの戦略を立てたはずなのだ。しかし，三反園知事実現の後はその世論からの批判は三反園知事自身が一身に浴びなければならない。もちろん知事なのだから当然なのだが，それでもその戦略を立てた人物・団体に責任がないとは言えないだろう。

こうした構造を俗に「梯子がはずされる」と言う。もちろん杉田議員は自分と同じ認識をもっている周りの議員や支持者を責めないだろうし，三反園知事を担いだ戦略立案者はおそらくいまも三反園知事のブレインとして周りにいるだろうから，本人たちは「梯子をはずされた」とは思っていないだろう。しかし，杉田議員は自分は正しいことを言っているのだから，仲間がもっと同様の声を上げてくれれば自分だけが矢面に立つ必要はないのに……と感じていたかもしれない。また，三反園知事もほんとうは有権者に公約として約束したことを守りたかったとは思っているだろう。おそらく知事としての立場から総合的に判断したとき，反原発を打ち出し続けることが難しいと周りから説得された経緯があったはずである。

これらは例えるなら，ある教師が，自分では正しいと思ってやったことに対して保護者からのクレームがあったときに，管理職に「先生の気持ちはわかるけれど，ここは一応謝罪して事をおさめないと」と説得される際の構造に似ているかもしれない。管理職は確かに自分を守ってくれてはいるけれど，あくまで心ならずも非を認め謝罪しなければならないのは自分である，と。要するに矢面に立たされているのであり，立場的な梯子ははずされていないものの心情的な梯子ははずされているのである。教師としての立場は保障されるものの，人としては立つ瀬がない。そんな立場に追い込まれるわけだ。

8 梯子をはずされ矢面に立たされている

話を道徳の授業に戻そう。

道徳授業の在り方に疑問をもっているのに，行政の言う通りに道徳の授業をしなくてはならない。しかもそれを逸脱すれば下手をすると処分されかねない。もちろん疑問を抱きながら道徳授業をやっていたのでは，生徒たちに見抜かれる。生徒たちがそういうことをいち早くキャッチすることを私たちは熟知している。これはいわば，最初から梯子をはずされているのに矢面に立たされることを意味している。実はこのことは，「道徳の教科化」において私たちが最も回避しなくてはならないことなのではないか。私はそう感じている。

しかし，おそらく現実はそうなる。指導書もワークシートもあるし……と，たいして教材研究もせずにこう流せばいいのねと教科書道徳をやれば，私たちはまず間違いなくこの現実に陥らざるを得ない。教科書には超人的なエピソードやつまらない，白々しいエピソードが並ぶのである。私たちはイチローの業績に感動はするけれど，イチローになれるわけがないと思っている。生徒たちも誰一人イチローにはなれないということを私たちは知っている。ましてや杉原千畝になどなれるわけがない。彼らの業績は確かに美しく，偉大であるかもしれない。しかし，生徒たちの現実とはかけ離れすぎている。いや，生徒たちばかりではない。私たちの現実からさえその距離はものすごく遠い。「へえ，すごい人ですね」が関の山だ。

生徒たちは果たして，情にほだされ，ルール違反と承知のうえで閉園間近の動物園に幼い姉弟を招き入れ，それが問題視されて長年勤めてきた動物園から懲戒処分を受ける男性の立場や心情を，実感を込めて考えることができるのだろうか。いや，授業する私たち自身がほんとうのところこの立場や心情を理解できていないのではないか。そんな状況で「乾いた議論」や「浮ついた議論」をすることに何らかの意味があるのだろうか。私は正直，そう思う。

説諭や指導は，教師が本気で言っているほど生徒たちに伝わる。教師の褒め言葉も，生徒たちはその教師が本気で言っているかどうかを敏感に察知する。体育的行事では担任が本気で勝とうとしている学級の生徒たちが本気で頑張る。『学び合い』授業も，教師が本気で「一人も見捨てるな」と言い続ける教室でのみ成立する。学校教育とはそういうものであり，教師と生徒の関係もそういうものである。このことを私たちは熟知しているはずだ。

とするならば，授業を受ける生徒たちからも授業をする教師からも遠い題材で授業を機能させることは，実は至難の業なのである。ましてや，内容項目について自分はこれができてる自信がないんだよなあ……と感じてしまう道徳という教科の特性に鑑みれば，その機能度は更に落ちると言わざるを得ない。それは目に見えない形で，少しずつ少しずつ授業を蝕む。読者の皆さんも経験があるはずだ。自分の教科の授業でさえ，得意な領域と不得意な領域，得意な単元と不得意な単元，得意な教材と不得意な教材でその機能度がまったく異なってしまう経験が……。そうした授業では，生徒たちは明らかに乗り気になっていない。明らかに授業が沈滞している。しかし，カリキュラム上やらないわけにもいかないから，なんとかその領域，その単元，その教材をこなす。内心，早く終わればいいのにと感じながら。

このままなんとなく道徳の教科化に入っていけば，まず間違いなく，不得意な領域・単元・教材の授業以下の機能度になってしまうだろう。私には正直，多くの中学校教師がそのような状況に立ちすくみ，次第に道徳の授業がめんどうなもの，やりたくないもの，嫌いなものに堕していくのが目に浮かぶようである。自分自身さえそのような状況で授業を消化していけば，そうなってしまうと思う。では，どうすればいいのか。

9 本気の道徳授業をつくる

冷静に考えれば，実はこの状況を打開することはそれほど難しいことではない。教師が本気で授業できる題材でないならば，それによって授業の機能度が落ちてしまうのならば，本気で授業できる題材で授業を構想すればいいのだ。イチローや杉原千畝は確かに「尊敬すべき人物」だろう。しかし，教師が遠く感じるのならば，教師が本気で尊敬できないのならば，近く感じられる人物，本気で尊敬できる人物を扱えばいいのである。道徳の授業を機能させたいと思うのならば，扱うべき人物は「リスペクトできる人物」や「リスペクトすべき人物」ではない。現に「リスペクトしている人物」なのである。読み物資料も同様である。読み物資料がつまらない，白々しいと感じるのならば，つまらなくない，白々しくないエピソードを扱えばいいのである。

そう。私の提案するのは，自主開発教材である。

教科書を使わないのはまずいのではないか。そういう疑問や反論が聞こえてきそうである。もちろん教科書は使う。そもそも教科書を使わないことは認められない。教科書を使わないのはおそらく処分の対象にさえなっていくだろう。

ただし，必要以上には使わない。35時間中22時間使う。要するに内容項目22項目を一度ずつ扱う。それでも13時間残る。１年間は35週以上組まれているから，場合によっては道徳は37時間程度あるかもしれない。それなら15時間だ。学校によっては外部講師を招いての全校道徳が年に数回組まれているということもあろう。警察や情報通信会社，SNS 運営会社等を招いての生活安全指導，情報教育の講演会を道徳のコマにあてがう学校もあるだろう。それでも，８〜10時間くらいは自主開発教材を扱えるはずである。年間22回も教科書を使えば，それも22の内容項目をすべて扱っていれば，おそらく文句は言われまい。

そもそも35時間のすべてを自主開発教材でもいいと言われる方が困ってしまう。ほとんどの教師が35時間もの自主教材を開発する能力をもち合わせていないだろう。それは無理な話だ。自分の担当教科でさえ，35時間分の自主教材を開発するのは簡単なことではない。ましてや自分が本気で扱うことのできる教材を35も見つけ，それらのすべてを生徒たちに機能するように加工するなどということは至難である。

しかし，年間８本程度ならなんとかならないだろうか。自分一人で開発することが無理ならば，学年の先生と協力して開発してもいい。学年教師が８人いるなら，場合によっては一人１本ずつ開発して，ローテーションで授業するでもいい。それでもそれぞれの教師が本気で生徒たちに伝えたいと思う授業をするならば，その機能度は上がるはずだ。

１年・２年・３年とすべての学年をひとまわりするまではそれなりに苦労があるかもしれない。しかし，すべての学年の自主開発教材をそれなりに持ち，４年目からは年間に１本か２本，新しい教材を開発すればいいだけになって，かなり楽になるだろう。ちょうど新卒から数年間，学年をひとまわりするまでは毎時間の教材研究で四苦八苦していたけれど，それ以降はそれなりの基礎的な教材研究を終えて見違えるほどに楽になったのと同じように。道徳の授業づくりも同じように機能し始めるはずである。

ではなぜ，そうまでして自主開発教材にこだわるのか。学年教師と協力したり，場合によってはローテーション道徳でもいいなどと他人任せにする部分があるのであれば，別に教科書道徳でもいいではないか。そう思われるかもしれない。

しかし，よく考えてみてほしい。自分の教科において得意な領域と不得意な領域があるというとき，得意な領域がただ成功し，不得意な領域がただ失敗するという経験を重ねてきたわけではないはずなのだ。得意な領域の授業で開発した学習活動を不得意な領域の授業でも応用して用いたことによって，それなりに生徒たちもその学習活動自体に意欲的になれた。得意な単元で使っている発問・指示の構造を不得意単元の授業でも使ってみたら授業が割と機能した。得意な教材ではその教材についての知識がありすぎるためにあまりにも饒舌に語ってしまい，かえって授業が機能しなかった。実は不得意な教材の授業の方がその教材との距離感覚をうまい具合に取ることができて，授業の機能度が上がっているのに気がついた。よし，この距離感覚を得意な教材にも応用してみよう。私たちはそんな試行錯誤を繰り返しながら，担当教科における自分の授業スタイルをつくってきたはずなのである。そしてこうまでいろいろと試行錯誤するのは，私たちが自分の担当教科に「これは自分の中心的な仕事だ」という責任感をもっているからなのである。

しかし，道徳の授業についてはどうだろう。自分の教科に対してと同じとまでは言わないまでも，それに近い意識をもって取り組むことができそうだろうか。このままなんとなく「道徳の教科化」に入っていけば，これまでと同じように道徳の係の先生から出た指導案をなんとなくこなすという形になっていかないだろうか。私はそれを避けたいのである。

たとえ年間数本であったとしても自分で授業を開発するようになれば，それも与えられた教材の指導案をつくるのみならず自分自身で教材開発までするようになれば，道徳の授業に対する意識が間違いなく高まるはずである。コミット意識が生まれてくるはずである。私はすべての教師がそうなるべきだと思っているのだ。

そして数年後，職員室のすべての教師が多かれ少なかれこのようなコミット意識をもったとき，おそらく教科書教材の道徳授業も機能し始めるだろうと思うのだ。ちょうど担当教科の得意領域と不得意領域とがリンクし始めたときのように，自主開発教材道徳と教科書道徳とが，得意領域と不得意領域のようにお互いの機能度・非機能度がリンクし合い，安定感のある授業づくりへと転換していくように思うのだ。

「道徳の教科化」はなんだかんだ言っても，「上からの改革」である。要するに政治や行政による強制的な改革である。「上からの改革」はいくら反対しようと，いくら疑問に思おうと，やらなくてはならない。「上からの改革」でやらなくてはならないとされることがちゃんとできないと，私たち現場教師は梯子をはずされ矢面に立たされることになりかねない。そうならないためにも，ある程度その「上からの改革」を機能させられるようにこちらの「構え」も戦略的につくっていかねばならない。私が言いたいのはそういうことなのである。

以上のような考え方に基づき，本書は次のように構成されている。

第２章では，私にとって定番授業である「はまなす」という自主開発教材授業を紹介しながら，私の言う「本気の道徳」というのがどういうレベルのものなのかということを実感していただく。

第３章では，自主開発教材による授業のつくり方を提案する。授業の構成の仕方，授業の機能のさせ方，二つの教材をコラボさせる授業の在り方，授業で扱う題材・素材の見つけ方を提案している。

第４章では，これからの時代に道徳授業の中心を担っていくことになる教科書教材の授業の在り方，授業研究の在り方について，〈シンクロ道徳〉の構想を新たに提案している。第３章で述べた自主開発教材の道徳授業の在り方，つくり方，構成の仕方に基づく形で，教科書教材の授業を構想する在り方を現実的に提案したつもりである。本書執筆時点では中学校教科書がまだできていない段階であり，扱う教材が小学校教材になってしまったことには私としては若干の悔いが残るが，中学校でも十分に通用するように小学校高学年の教材を例に語ることにした。

では，次章より，具体的な道徳授業の在り方について，私の考えを述べていくことにしたい。

2

道徳授業・本気度の位相

1　本気の道徳授業を提案する

前章において，教科書教材が教師が本気で授業できる題材でないならば，本気で授業できる題材で授業を構想すればいいのだ，と述べた。扱われる人物がリスペクトできないならば，自分が現にリスペクトしている人物を扱えばいいのだとも述べた。エピソードがつまらない，白々しいと感じるのならば，つまらなくない，白々しくないエピソードを扱えばいいのだとも述べてきた。

読者の皆さんには私の言う「本気」という言葉のイメージがいまひとつ伝わらなかったことだろうと思う。それは仕方ないことだ。「本気」とはどの程度の「本気さ」のことを言うのか。読者が百人いれば百通りのイメージがあるだろうからである。

しかし，私がいくら「本気」とはこういうレベルのことを言うのだと言葉を尽くして語ったとしても，観念的になってしまって更に混乱させるだけだろうと思う。そこでここでは，読者の皆さんにイメージしてもらうために，授業事例を一つ紹介しようと思う。この事例から，「ああ，この人の言う『本気』とはこういうレベルのものか」と感じていただくことを願っている。

ここでは，「はまなす」という授業を紹介させていただく。

この授業は「授業」というよりも，私の語り中心の「講話」といった類いのものだ。教師が一方的に語るタイプの道徳授業であり，「考え，議論する道徳」ともかけ離れている。その意味では，厳密な意味での道徳の「授業」ではないかもしれない。

そもそもこの授業は教室で「授業」として行ったものではなく，私は「学年道読」と呼んでいるのだが，学年集会で私が学年生徒全員に対して「学年主任の道徳的講話」として行ったものだ。発問もなければ生徒同士の交流もない。しかし，本書の主たる主張である「教材開発」の視点，「資料の並べ方」の視点，「道徳授業の具体的なつくり方」の視点，この三つについては

授業「はまなす」の表紙

色濃く反映されている。また，私の授業づくりの本気度，この授業への私の思い入れの強さも読者の皆さんに大きく感じていただけると思う。その意味で，私の道徳授業のつくり方のモデルとしては最適だと判断したわけである。

内容項目としては「生命の尊さ」（D　主として生命や自然，崇高なものとの関わりに関すること）。できるだけ授業そのままに近い形を疑似体験していただくため，授業外の解説等は最低限とし，まずは生徒たちに語ったままの形で提示していく。それで読者の皆さんに伝わらないとすれば私の力不足であり，皆さんがその後をいくら読まれても，本書の意図する私の「道徳教材開発観」はおそらく伝わらない。その意味で，この授業紹介はじっくり読んでいただければと思う。

私は道徳授業を PPT を用いてのプレゼン形式で行うことが多い。上がその表紙だが，このような形でプレゼンも載せていこうと思う。

【スライド1】
吉本哲「ハマナスとオホーツク海」ART SALON Masuzawa（札幌市）所蔵
（http://artmasuzawa.sakura.ne.jp/custom17.html）

皆さんはハマナスという花を知っているでしょうか。

（【スライド1】提示）

これは吉本哲さんという方が描いた「ハマナスとオホーツク海」という絵ですが，こんな花です。北海道でも夏になると頻繁に見られます。北海道の花に指定されてもいます。
美しさに見とれる……というタイプの花ではないかもしれませんが，多くの人が心惹かれる花です。北海道民にとっては大切な大切な花でもあります。

【スライド2】

写真（右）：Photo by (c) Tomo.Yun
（http://www.yunphoto.net/）

（【スライド2】提示）

ハマナスはバラ科の落葉低木。夏に赤い花を咲かせます。幹にはバラのようにトゲがあります。自然に生息している場合には，多くは砂浜に群生しています。

北海道でも海岸沿いではたくさん見ることができます。北は北海道から南は島根県あたりまで見られるそうですが，基本的には北国の花という印象が強い花です。その意味で，北海道にはなくてはならない花と言えるかもしれません。

先生もハマナスの花が大好きです。

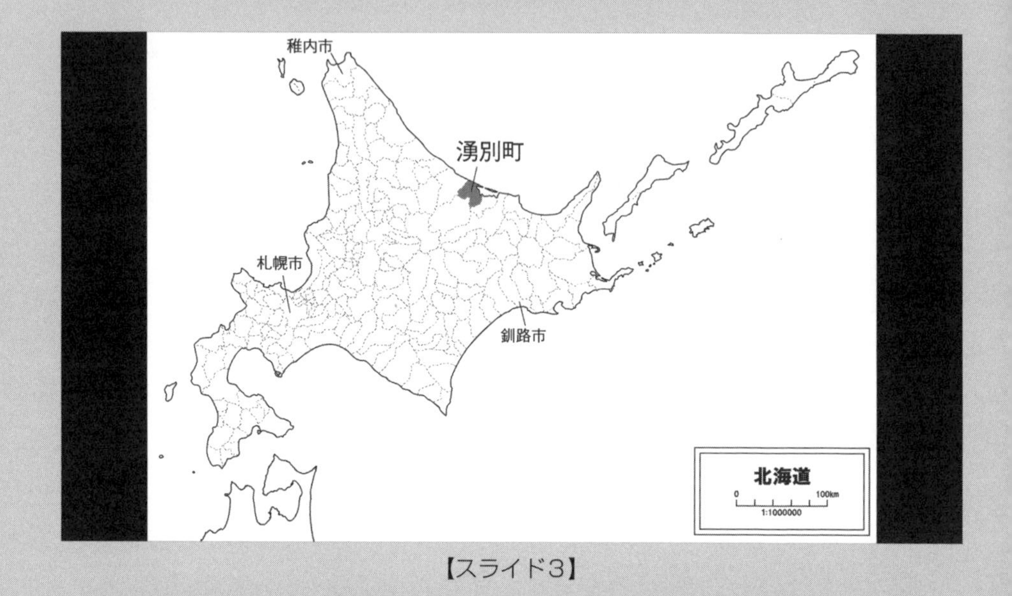

【スライド3】

道東に湧別町という町があります。

(【スライド3】提示)

サロマ湖の北半分を占める町です。人口は9,000人ほど。半農半漁の小さな町です。

【スライド4】

堀撮影，2018年７月25日

（【スライド４】提示）

この湧別町の中心部から３km ほど離れた海岸，通称「ポント浜」と呼ばれるところに，一つのオブジェがあります。

【スライド5】

（【スライド５】提示）

「機雷殉難の塔」と呼ばれるそのオブジェの横には，この碑が建てられた所以が書かれています。

昭和17年５月26日，このポント浜に漂着した浮遊機雷の爆破作業中に，不測の爆発により一瞬にして多くの尊い人命を失いました。この犠牲者の鎮魂と平和の尊さを後世に伝えるため，爆発より50年にあたり建立したものであります。

平成３年５月26日

湧別町長　　羽田　宏

【スライド6】

今日はこの湧別町の機雷暴発事故の話をします。80年近く前の話です。

(【スライド6】提示)

ネタ本はこの本です。
『汝(な)はサロマ湖にて戦死せり』
宇治芳雄さんというノンフィクションライターの書いた本です。

※宇治芳雄『汝はサロマ湖にて戦死せり』(龍溪書舎，1980年)

昭和17(1942)年5月19日

その日、オホーツク海沿岸一帯は、よく晴れていた。風は、やはり冷たいものの、漁師たちは、丸首シャツに、ハンテン程度しかはおっていなかった。

数日前から、沖合にニシンの群れが来ている、という知らせは、湧別の漁民を勢いづけていた。

手網を建てていた若い漁師が、網の中に揺れる見慣れない物体をみつけた。

「こりゃ、何だあ」
同じ舟に乗っていた漁師たちも、網を引く手を止めて、彼の指す海中をのぞき込んだ。

それは、丸い鉄の塊であった。

「変じゃないか。鉄なのにプカプカ浮いてるぞ」

「機、機雷だあ！」

【スライド7】

（【スライド７】提示／ただし，朗読に従って一行一行提示した）

昭和17（1942）年５月19日。

その日，オホーツク海沿岸一帯は，よく晴れていた。風は，やはり冷たいものの，漁師たちは，丸首シャツに，ハンテン程度しかはおっていなかった。

数日前から，沖合にニシンの群れが来ている，という知らせは，湧別の漁民を勢いづけていた。

手網を建てていた若い漁師が，網の中に揺れる見慣れない物体をみつけた。

「こりゃ，何だあ」
　同じ舟に乗っていた漁師たちも，網を引く手を止めて，彼の指す海中をのぞき込んだ。

　それは，丸い鉄の塊であった。

「変じゃないか。鉄なのにプカプカ浮いてるぞ」

「機，機雷だあ！」

※【スライド７】…同書 pp.19～20

昭和17(1942)年5月19日

　機雷は海上に敷設する爆発装置で、陸上でいえば地雷に相当するものであった。交戦国が、お互いに自国沿海に敷設して敵艦艇の侵入を警戒するとともに、敵国艦船の行動半径に敷設して、艦艇の作戦行動の制限ないしは損耗を図り、併せて輸送船舶の束縛と損耗による兵員、兵器輸送力の減退と敵国の経済封鎖をねらったのである。
　直接に本町方面の沿岸水域に敷設された機雷はなかったと思われるが、オホーツク海面のひろがる範囲には、当時の軍事情勢から、わが国およびアメリカ、ソビエト連邦の機雷敷設が想像されるところである。
　機雷は、あるいは線状に連鎖されたり、あるいは機雷原といわれるように面状に連鎖されたりして繋留敷設されるのであるが、時として繋留索が切れて危険な浮遊機雷となることがある。機雷は艦船などの接触で起爆するが、浮遊機雷は岩礁や巨大浮遊物などの接触でも起爆するから、当時は沿岸住民や船舶に注意を警告していたのである。
　昭和１７年に、その浮遊機雷２個が本町海岸に漂着したのである。　４月ごろから浮遊機雷らしいものが見えるという噂があり、５月下旬になってワッカ海岸とポント海岸に漂着発見されたもので、戦慄感が住民の脳裡を走ったのである。

（「湧別町百年史」より）

【スライド8】

（【スライド８】提示）

「湧別町百年史」によると，この機雷はアメリカのものなのか，ソ連のものなのか，それとも自国のもの，つまり日本のものなのか，遂にわからなかったそうです。

いずれにしても，当時の湧別町民には戦慄が走りました。

【スライド9】

「湧別町百年史」より

（【スライド９】提示）

湧別町の郷土資料館にはその機雷の写真が残されています。
こんなものです。
機雷は当時，２個漂着しました。

昭和17(1942)年5月25日

浮遊機雷漂着の報を受けた遠軽警察署では、これを安全な場所に引き揚げ、爆破処理する計画をたて、５月２６日正午ポント浜において爆破作業を実施することとし、一般に通報した。　一般への通報は、もちろん危険防止の配慮によるものであったが、戦時中ゆえに戦時教育の手段として、機雷の威力の恐ろしさを認識させるために見学（公開）の途を開いたものであった。
爆破準備は、爆破現場を中心に半径1,000メートルの範囲を危険区域とし、周囲に警戒線を設けて赤旗で標示し、２個の機雷を50メートルぐらい離して配置する作業が、下湧別警防団の手で行われ、前日までに一切を完了した。

【スライド10】

「湧別町百年史」より

（【スライド10】提示）

昭和17（1942）年５月25日。
６日後のことです。

浮遊機雷漂着の報を受けた遠軽警察署では，これを安全な場所に引き揚げ，爆破処理する計画をたて，５月26日正午ポント浜において爆破作業を実施することとし，一般に通報した。一般への通報は，もちろん危険防止の配慮によるものであったが，戦時中ゆえに戦時教育の手段として，機雷の威力の恐ろしさを認識させるために見学（公開）の途を開いたものであった。
爆破準備は，爆破現場を中心に半径1,000メートルの範囲を危険区域とし，周囲に警戒線を設けて赤旗で標示し，２個の機雷を50メートルぐらい離して配置する作業が，下湧別警防団の手で行われ，前日までに一切を完了した。

【スライド11】

「湧別町百年史」より

（【スライド11】提示）

この写真を見ると，機雷の大きさが実感できると思います。周りの人たちはおそらく，「下湧別警防団」の方々でしょう。

【スライド12】

この本にはさまざまな登場人物が登場しますが，中心人物の中に今栄三，今美枝子の夫婦がいます。今日はこの夫婦にスポットを当てましょう。

（【スライド12】提示）

今栄三は「下湧別警防団」の一員です。妻は美枝子。

機雷暴発の前日，二人の間でこんな会話が交わされました。

酒を飲み終わった栄三が美枝子に手招きしていた。

「何の用ね」

「ほらみてみろや」

栄三は裸電球の下で右手を広げてみせた。

「ここに黒い模様があるだろうに。これは食いはぐれのない証拠だぞ。お前は，一生，楽して暮らせる」

「何をいうてるの。そんな迷信，誰に教わったの」

「父ちゃん、明日、私もお婆ちゃんも一緒にポント浜へ行ってみようと思うんやが」
「だめだ。絶対にいかん」
「どうして。回覧板も、できるだけ見学しろ、とあったよ」
「絶対にいかん、といったらいかん。オレはこの通り長生きするのが、ちゃんと指にでとるが、お前には無いじゃないか」
　美枝子は、眼頭を押さえて、微笑した。
「はい」

【スライド13】

「迷信じゃない。湧別の漁師なら，誰でも知ってることじゃ」

確かに太く節くれだった栄三の右手の親指のつけ根に，黒いアザがあった。これは櫓をこぐときにできる，一種の内出血だ，と美枝子は判った。

（【スライド13】提示）

「父ちゃん，明日，私もお婆ちゃんも一緒にポント浜へ行ってみようと思うんやが」

「だめだ。絶対にいかん」

「どうして。回覧板も，できるだけ見学しろ，とあったよ」

「絶対にいかん，といったらいかん。オレはこの通り長生きするのが，ちゃんと指にでとるが，お前には無いじゃないか」

美枝子は，眼頭を押さえて，微笑した。「はい」

※【スライド12・13】…同書 pp.115～117

昭和17(1942)年5月26日

爆破当日は遠軽警察署長指揮のもと、下湧別村警防団が総動員され、午前９時に浜にただ一軒点在する番屋に集結した第一分団は、ただちに現地に赴き第二、第三分団と合流して作業に着手したが、最初の作業は、
（１）見学の効果を高めるため、２個の機雷の爆破に時間差を設ける。
（２）先に爆破したとき、その爆風で50㍍間隔の他の一個に誘導爆破の恐れがある。
ため、波打ち際にあった１個を、砂陵の向う側に移動させる作業であった。

１７名の警防団員が綱をかけ、綱を曳く者、押す者で、ようやく丘陵を超え路上に達した時、大音響とともに機雷が爆発し、一瞬にして作業員と見学者合わせて１０６名の死者と、多くの重軽傷を出し、開村以来空前の大惨事となった。

【スライド14】

「湧別町百年史」より

（【スライド14】提示）

明けて昭和17（1942）年５月26日。

爆破当日は遠軽警察署長指揮のもと，下湧別村警防団が総動員され，午前９時に浜にただ一軒点在する番屋に集結した第一分団は，ただちに現地に赴き第二，第三分団と合流して作業に着手したが，最初の作業は，
(1)　見学の効果を高めるため，２個の機雷の爆破に時間差を設ける。
(2)　先に爆破したとき，その爆風で50㍍間隔の他の一個に誘導爆破の恐れがある。
ため，波打ち際にあった１個を，砂陵の向う側に移動させる作業であった。

【スライド15】

「湧別町百年史」より

（【スライド15】提示）

※写真は機雷を海から引き上げるときのものと思われるが，警防団の作業のイメージを生徒たちに抱かせるためにこのタイミングで提示している。

（再び【スライド14】提示）

17名の警防団員が綱をかけ，綱を曳く者，押す者で，ようやく丘陵を超え路上に達した時，大音響とともに機雷が爆発し，一瞬にして作業員と見学者合わせて106名の死者と，多くの重軽傷を出し，開村以来空前の大惨事となった。

「おばあちゃん、何かあったんだよ。私いってくる」

「どいてくれ、どいてくれ」
と美枝子の前を一台の馬車が駆け抜けた。御者の顔がひきつっている。荷台には何人かが横たわっている。美枝子は悲鳴をあげた。

血まみれの男たちであった。背中が、えぐりとられている者もいる。顔がつぶれ、手のない者もいる。一目で、大怪我をしている者ばかりだと判った。

途中で何人もの人にすれ違った。ふらふらと歩いてくる者は、すべて血まみれである。栄三のことを尋ねる余裕はなかった。とにかくポント浜に行けば判る。

心臓が高鳴り、口で息をしながら、それでも美枝子は走り続けた。

【スライド16】

（【スライド16】提示）

「おばあちゃん，何かあったんだよ，私いってくる」
「どいてくれ，どいてくれ」
と美枝子の前を一台の馬車が駆け抜けた。御者の顔がひきつっている。荷台には何人かが横たわっている。美枝子は悲鳴をあげた。

血まみれの男たちであった。背中が，えぐりとられている者もいる。顔がつぶれ，手のない者もいる。一目で，大怪我をしている者ばかりだと判った。

途中で何人もの人にすれ違った。ふらふらと歩いてくる者は，すべて血まみれである。栄三のことを尋ねる余裕はなかった。とにかくポント浜に行けば判る。

心臓が高鳴り，口で息をしながら，それでも美枝子は走り続けた。

（【スライド17】提示）

顔みしりの漁師をみつけた。鮮血が顔にべっとりついている。顔を怪我したのか，介抱しているときについたものか，識別している暇もない。

顔みしりの漁師をみつけた。鮮血が顔にべっとりついている。顔を怪我したのか、介抱しているときについたものか、識別している暇もない。
「うちの父ちゃんを知らないかい。栄三はどこにいるのか知らないかい」
「判んねえ。とにかく警防団は全滅した、ということじゃ」
「全滅だって。本当なのかッ」
「ああ。でもな、怪我した者は発動機で湧別川の河口に運んでいるから、そのなかにいるかも知れん」
「じゃ、うちの父ちゃんも、そこか」
「判らんよ。そんなこと。行ってみろよ。そこをどいてくれ。おらの娘を運ぶんだから」
怒気のこもった声でそういうなり若い漁師は美枝子を突き飛ばした。

今美枝子

美枝子は初めて、若い漁師が紐のついたニシン箱をひきずっているのに気がついた。ニシン箱の中には、女物の木綿の着物の切れ端と、スイカ大のいくつかの肉の塊があった。その一つに長い髪の毛がついていた。
「そ、それが妙ちゃんか」
「そうじゃ、これが妙子なんじゃ」

【スライド17】

「うちの父ちゃんを知らないかい。栄三はどこにいるのか知らないかい」
「判んねえ。とにかく警防団は全滅した，ということじゃ」
「全滅だって。本当なのかッ」
「ああ，でもな，怪我した者は発動機で湧別川の河口に運んでいるから，そのなかにいるかも知れん」
「じゃ，うちの父ちゃんも，そこか」
「判らんよ。そんなこと。行ってみろよ。そこをどいてくれ。おらの娘を運ぶんだから」
怒気のこもった声でそういうなり若い漁師は美枝子を突き飛ばした。
美枝子は初めて，若い漁師が紐のついたニシン箱をひきずっているのに気がついた。ニシン箱の中には，女物の木綿の着物の切れ端と，スイカ大のいくつかの肉の塊があった。その一つに長い髪の毛がついていた。
「そ，それが妙ちゃんか」
「そうじゃ，これが妙子なんじゃ」

「よかった、よかった。息があるぞ」
　すぐ近くで喚声があがった。みると、砂のなかから掘り起こされた男がいた。衣服は砂だらけだったが、幸い、大した怪我はないようで、男はふらふらと、首を動かしていた。
“そうだ、父ちゃんも、ひょっとしたら、砂の中に埋まっているのかもしれない”
　爆発していない機雷の横に、小高い砂の山ができている。しかも、その砂の山の上には、わずかに一本の腕が出ている。
「誰かが埋まっている——」
　気のせいか、その右手が少し動いたようだった。美枝子は砂の山に駆け寄った。その半開きの右手には見覚えがあった。昨夜、栄三が「この痣のある限り…」と言った、そのアザが、親指のつけ根にある。間違いなく栄三の右手であった。

今美枝子

【スライド18】

（【スライド18】提示）

「よかった，よかった。息があるぞ」
　すぐ近くで喚声が上がった。みると，砂のなかから掘り起こされた男がいた。衣服は砂だらけだったが，幸い，大した怪我はないようで，男はふらふらと，首を動かしていた。
“そうだ，父ちゃんも，ひょっとしたら，砂の中に埋まっているのかもしれない”
　爆発していない機雷の横に，小高い砂の山ができている。しかも，その砂の山の上には，わずかに一本の腕が出ている。
「誰かが埋まっている——」
　気のせいか，その右腕が少し動いたようだった。美枝子は砂の山に駆け寄った。その半開きの右手には見覚えがあった。昨夜，栄三が「この痣のある限り…」と言った，そのアザが，親指のつけ根にある。間違いなく栄三の右手であった。

「お父ちゃん！」
美枝子は絶叫して、その右手を、つかんだ。暖かい。彼女は、腰を落として、力一杯引っ張った。砂の中から、あの優しく、たくましい栄三が、「ああ苦しかった」といって、転がり出てくる筈であった。

が、次の瞬間、転がったのは美枝子であった。

彼女の把んだものは、何の抵抗もなく、砂から抜けたのだ。いや、抜けたのではなく、栄三の右腕は、砂の上に立っていただけだった。

「ギャーッ」
彼女の全身は凍りついた。栄三の右手の指は、美枝子と固く握手したままだった。肘から下がない右腕を、美枝子は放り投げた。

今美枝子

どこを、どう走ったのか。
家にたどりつくと、姑は、美枝子の顔を一目見て、すべてを悟ったようだった。

【スライド19】

（【スライド19】提示）

「お父ちゃん！」

美枝子は絶叫して，その右手を，つかんだ。暖かい。彼女は，腰を落として，力一杯引っ張った。砂の中から，あの優しく，たくましい栄三が，「ああ苦しかった」といって，転がり出てくる筈であった。

が，次の瞬間，転がったのは美枝子であった。

彼女の把んだものは，何の抵抗もなく，砂から抜けたのだ。いや，抜けたのではなく，栄三の右腕は，砂の上に立っていただけだった。

「ギャーッ」

彼女の全身は凍りついた。栄三の右手の指は，美枝子と固く握手したままだった。肘から下がない右腕を，美枝子は放り投げた。

どこを，どう走ったのか。

家にたどりつくと，姑は，美枝子の顔を一目見て，すべてを悟ったようだった。

※【スライド16～19】…同書 pp.200～211

【スライド20】

（【スライド20】提示）

先生が中学１年生のときのことです。母と一緒に松山千春のコンサートに行きました。松山千春のコンサートに行くのは初めてで，ウキウキ，ワクワク……。次々にヒット曲が歌われ，先生は大満足でした。

コンサートのラスト曲は「はまなす」という曲でした。でも，それが先生は不満でした。「はまなす」という曲は当時，まだレコード化されていなくて，聞いたことのない曲だったのです。

「これだけヒット曲があるというのに，なんで最後が知らない曲なんだ…」まだ子どもですから，先生はそんなことを思ったわけです。

ところが，ふと横を見て驚きました。

母がその曲を聴いて号泣しているんです。

それから3年。

先生が高校に入学した頃，「はまなす」はレコード化されました。その年の『大いなる愛よ夢よ』というアルバムに収録されたのです。

「いい曲だな」と思いました。

と同時に，母さんはこの曲にどうしてあんなに泣いてたんだろう，そうも思いました。でも，なんとなく訊いてはいけないことのような気がして，母にはいまだに直接は訊いていません。

その後，二十歳を過ぎた頃，先生は『汝はサロマ湖にて戦死せり』を読むことになります。そしてすべての謎が解けました。

先生の母親は湧別出身なのですが，湧別にはこんな話が語り継がれていたのです。

湧別で語り継がれている話

ハマナスの群生地に、突如、見事な赤い花が点々と咲きほこった。

さっきまでは、葉と茎だけが、砂浜をはっていたのに、一挙に無数の花を咲かせたのだ。

赤い花とみえたのは飛び散った血まみれの肉片だった。爆風で、数百メートル四方にも、肉塊が吹き飛ばされていたのだ。

なかには、髪の毛が、べったりとツタについているものもある。指の一部とわかる肉片もある。それが、トゲのあるハマナスの茎や葉にひっかかり、紅の花に見えたのだった。

【スライド21】

（【スライド21】提示）

湧別で語り継がれている話

ハマナスの群生地に，突如，見事な赤い花が点々と咲きほこった。

さっきまでは，葉と茎だけが，砂浜をはっていたのに，一挙に無数の花を咲かせたのだ。

赤い花と見えたのは飛び散った血まみれの肉片だった。爆風で，数百メートル四方にも，肉塊が吹き飛ばされていたのだ。

なかには，髪の毛が，べったりとツタについているものもある。指の一部とわかる肉片もある。それが，トゲのあるハマナスの茎や葉にひっかかり，紅の花に見えたのだった。

【スライド22】

（実物の本を示しながら）

実は先生の持っているこの本は，先生の本ではなく，母の本です。先生の母親はいま，介護施設に入っています。父親は数年前に亡くなっていますから，もう実家には誰もいません。この本は実家を整理していて見つけたものです。

この本には，最後の頁に手書きでメモが書いてあります。

（【スライド22】提示）

今栄三，今美枝子の娘が，栄三の栄の字，美枝子の美の字を一字ずつもらって栄美子と名付けられたことを示しています。これは母の字です。

先生の母親は，堀栄美子，旧姓今栄美子といいます。

赤く燃え咲くはまなすを　望んではるかオホーツク
長き旅路のさい果てに　風は冷たく吹き荒れる

ふるえてもなお赤く燃え　あてなき夢を追い求め
オホーツクには愛はなく　生きゆくもののはかなさは

眠れその身は砂の上　遠く海鳴り耳にして
眠れその身は風の中　時の流れに横たわり

赤く燃え咲くはまなすを　望んではるかオホーツク
長き旅路のさい果てに　風は冷たく吹き荒れる

【スライド23】

（松山千春「はまなす」を流す）
※『大いなる愛よ夢よ』（1982年５月21日）所収

（【スライド23】提示）

赤く燃え咲くはまなすを　望んではるかオホーツク
長き旅路のさい果てに　風は冷たく吹き荒れる

ふるえてもなお赤く燃え　あてなき夢を追い求め
オホーツクには愛はなく　生きゆくもののはかなさは

【スライド24】

眠れその身は砂の上　遠く海鳴り耳にして
眠れその身は風の中　時の流れに横たわり

赤く燃え咲くはまなすを　望んではるかオホーツク
長き旅路のさい果てに　風は冷たく吹き荒れる

（間奏で【スライド24】を提示）
（後奏で【スライド15・11・4・1】を提示）

2　譲れることと譲れないこととを意識する

いかがだろうか。私の言う「本気度」ということのレベルをイメージしていただけただろうか。おそらく賛否はあるにしても，なるほど，この人の言う「本気」というのはこういう次元のことか，とイメージはしていただけただろうと思う。

私の母は現在，病院併設の介護施設に入所している。もう入所して６年になろうとしている。当初は父と一緒に二人で入所していたのだが，入所して８ヶ月ほどで父が亡くなってしまった。そしてそのまま，母はいまなお父と８ヶ月間を過ごした施設で暮らし続けているわけだ。

私はある原稿で「思い切り力」と称して，両親を施設に入れた日のことを次のように述懐している。

教師にとって「思い切り力」とは

「思い切る」とは覚悟を決めることです。

この原稿を書いているのは2013年２月28日（木）です。私は昨夜，ある覚悟を決めました。それも人生に関わる覚悟をです。認知症の進行し始めている母に介護施設に入るように説得したのです。哀しそうな表情を浮かべる母に，最後には「そうだね。仕方ないんだよね。」と納得させました。実家から自宅へと車を走らせながら涙が溢れるのを止められませんでした。「なぜ，長年，私を慈しんでくれた両親を介護施設などに入れなくてはならないのか……。」

実は一昨年の夏に脳梗塞に倒れた父も，様々に努力しましたが，結局，介護施設に入所させることが決まったばかりでした。母はとうとう実家に一人になります。我が家に引き取ろうにも，我が家は共働きです。それでは，昼間に母が父に逢いに行くこともできない生活になってしまいます。それならば二人とも介護施設に入所して一緒に暮らした方がいいだろう……そういう判断をしたわけです。

かつて私は三十代前半で離婚したことがあるのですが，その覚悟を決めたときも人生に関わる覚悟でした。休職して大学院に通うときにも1年間無収入になる覚悟を決めましたし，学生時代からの師匠や親友を亡くしたときも彼らのいない人生に覚悟を決めざるを得ませんでした。

年齢を重ねれば重ねるほど，覚悟を決めねばならない事態に多く遭遇していきます。世の中には私などには想像もつかない，もっともっと苛酷な覚悟を決めなければならなかった人がたくさんいるはずです。教師が仕事上で決めねばならない覚悟などたかが知れている……そんな気にもなってきます。

「思い切り力」。要するに覚悟を決める力などというものは，年齢を重ねて，心ならずも覚悟を決めなければならないという経験を重ねれば，自然に身についていくものだという実感があります。わざわざ身につけようと意識しなくても，覚悟を決め，取り組んだり諦めたりという機会が否応なくやってくるものです。読者の皆さんには何の参考にもならないでしょうが，いまの私にはそれだけのことに思えます。

ただし，ある種の人たちには「思い切る」「覚悟を決める」ということがとても難しいことだということを，私も知らないわけではありません。

私も若い頃には，ほんとうに覚悟を決めることができない人間でした。仕事のうえでもあれもこれもと追い求めすぎたり，学級解体した去年の学級への思い入れが強すぎて今年の学級に思い入れをもてなかったり，うじうじと悩む毎日でした。そうした経緯は拙著『エピソードで語る教師力の極意』に書きましたので，興味があれば御笑覧ください。

馬鹿げたこだわりを捨てる

人生にはどうしようもできないことがたくさんあります。それに比べれば仕事上で思い切らなければならないことなど，そのほとんどが人生を脅かすようなものではあり得ません。

だれかが時間と労力を割いてその仕事をやらなければならない。自分はやりたくないけれど，どう考えても自分がやるのが一番スムーズにこの事態を収拾できる。それがわかった時点で，どれだけ時間と労力を割かなければならないとしても，やるしかないのです。そんなもの，あれこれ考えずにさっさとやってしまうしかないのです。

ここは一つ生徒たちと闘わなければならない。ここが正念場だ。そう感じた時点でもう闘わなければならないのです。その他の道を探すだけ時間と労力の無駄です。

下げたくない頭を下げなければならない。自分の頭一つ下げれば納得してもらえるのであれば，たいした頭でもないのですから下げればいいではありませんか。

小さなこだわり，くだらないプライド，子どもに嫌われたくないというエゴイズム，今晩のちょっとした予定，そんなものはまったく人生に関わる問題ではありません。たとえ失ったとしても，１年後には間違いなく笑い話です。笑い話どころか，ほとんど忘却の彼方です。この瞬間のこだわりを要因に思い切れない，覚悟を決められないなんて馬鹿げています。「思い切る」ということはほとんど，馬鹿げたこだわりを捨てることと同義です。私はそう思います。

ちゃんちゃら可笑しい

最近，世の中では教養が軽視されています。若い人たちも文学とか哲学とかに興味を抱かなくなりました。大学で専攻するには就職に有利に働かない学問ですから，プラグマティズムのはびこる世の中では，軽視されるのも当然かもしれません。

しかし，文学には人間がいかに美しいものであるかということと同時に，人間がいかに醜いものであるかということが描かれています。哲学には自然や人間がいかに崇高なものであるかということと同時に，自然や人間がいかに弱く不安定なものであるかということが語られています。言語がいかに人間を束縛しているかとか，欲望や性がいかに人間の本質的な部分を占めているかとか，そういうことが2000年以上の長きにわたって思考され議論されてきているのです。

そういう世界を知らない人間が，日常のつまらない些細な出来事にこだわりを抱いて思い切れないのです。覚悟を決められないのです。

厳寒の吹雪のなかで仲間の死体を食べて生き残ったとか，共同体の掟によってある年齢に達したら母親を姥捨て山に捨てなければならないとか，実現の可能性がゼロとわかっていながらデモンストレーションとして割腹してみせるとか，文学の世界にはどうしようもない世界がたくさんあります。死刑が確定しながらも死の直前まで弟子と対話し続けた哲学者とか，最後にはだれにも相手にされず孤独に自死を遂げた思想家とか，哲学の世界にも壮絶な人生がたくさんあります。

教師ごときが，馬鹿げたこだわりを捨てられずに思い切れない，覚悟を決められないなど，私にはちゃんちゃら可笑しい。それが本音です。

私の「はまなす」という授業は，私が幼少の頃から慈しんでくれた両親や祖母への想い，そして後に祖母を看取り，父を看取り，更には両親を介護施設に入所させるときの想いなど，言葉に尽くせないさまざまな想いを一つの授業として結実させたものである。

こうした自分が悶えるほどに感じた，腹の底を抉るようにさえ感じられた実感的な想いを生徒たちに披瀝せずして，教師として生徒たちの前に立つ何の価値があるだろう。私たちは教育公務員である前に「生身の人間」なのである。そして生徒も，保護者も，教師が「生身の人間」として接してくれることを求めている。時代は確かに教師にマニュアル的に動くことを求めている面がある。私もそれを否定しないし，多くの場面でそのように動かざるを得ないことを認めざるを得ない。しかし，勘違いしてはいけないのは，人はほんとうに大事なものがあるからこそ，そうでない些末なこと，優先順位の低いことにマニュアル的になれるのである。譲れることと譲れないこと—その違いを，その基準を，私はすべての教師に考えてほしいと切に願っている。

第２章追記

第２章を書き上げて３時間足らずでボウが逝った。

ボウとは現在52歳の私がまだ三十代の頃から我が家にいた飼い犬である。16年１ヶ月と23日の生涯だった。犬としてはよく生きた方だと思う。祖母と父の死を悼みながら書いた原稿がキリの良いところまで進んだとき，図らずも私の生涯で三人目の家族を失うこととなった。

私は今日，16時過ぎに帰宅した。書斎に籠もる前に「ただいま」とボウをひとなでした。もう老犬で，目も見えず，ヨレヨレではあったけれど，死ぬ気配など微塵もなかった。昨日も一昨日も私は帰宅してボウをひとなでして書斎に籠もったのであり，夜寝るときにも横にいるボウをなで，朝起きたときにもボウをひとなでしたのだった。一昨日の朝などは私たち夫婦が冬休みの気楽さに少々寝坊したのを責めるかのように，ご飯をくれ，ご飯をくれと盛んに吠えたのだった。二日前，間違いなくボウは元気だった。

そのボウの亡骸(なきがら)が，いま，「青森りんご」と書かれた段ボール箱にペットシーツとバスタオルに包まれて横たわっている。目を閉じてあげようとしても閉じず，口を閉じてあげようとしても閉じず，段ボールの中で，りんごの代わりに，いかにも犬の死骸という体で横たわっている。

あっけない死だった。死とはこんなにもあっけないものかと驚くほどにあっけない死だった。

第２章を書き上げた私は，祖母と父とに思いを馳せ，なんとも感傷的な気持ちになっていた。そのときボウは呼吸が苦しそうで，私と妻はすぐにかかりつけのペット病院に連れて行った。18時半頃のことである。ペット病院は19時までに受付を済ます必要がある。ちょうど大雪の日で多少渋滞はしていたものの，18：50に病院に着き，すぐに診察が始まった。熱を計ると40度５分。犬とはいえ高熱の部類である。検便。血液検査。エコー。次々に検査が行われるが，特にこれといった異常は見られない。心臓も力強く脈を打ち続けている。そのうちにそれまでぐったりしていたボウもむくりと起き出した。

医者は老犬故に誤嚥ではないかと言った。老犬になると，自らの唾液さえ気管に入り，呼吸困難になることがあると言う。点滴を打ってもらい，明日の午前中にまた来るからということで帰宅した。検査と点滴は小一時間続き，帰宅したときには既に20時をまわっていた。

しかし，しばらく暖かいところで寝ていたボウは突如痙攣を起こした。呼吸ができないのか苦しそうにしていたが，やがて動かなくなった。心音がかすかに聞こえるのだが，呼吸がない。次第に心音も消えた。心臓マッサージでゴホゴホとすることはあったが，少しずつ口の中が冷たくなり，舌も血の気を引いていった。

「ボウ，頑張ったね」

私たちが諦めたのは21：04のことだった。

2019年１月11日。金曜日の21：04である。

明日から３連休。金曜の夜なのに呑みに出ることもなく，珍しく私は自宅にいた。明日からの３連休ももともと自宅で過ごす予定だった。３日間，心置きなく弔うことができる。思えば，ボウは良い日に亡くなったのかもしれない。

ボウを看取れるか……。

私にとって，数年前から頭から離れない問題意識だった。取り敢えず，そのあまり来てほしくないはずの願いは叶うこととなった。

冬の夜，ボウは湯たんぽだった。なのに，私の傍らであんなにも温かかったボウが，いまはこんなにも冷たい。

私はいま，書斎でこの文章を綴っている。ボウは父の仏壇の前でりんごの段ボール箱の中で眠っている。ついさっき，24時間受け付けているペット葬の会社に電話をかけ，明日午後の火葬を手配したところである。

ボウが来て３ヶ月後に我が家にやってきた雌犬のピコは，ボウが死んだのを知ってか知らずか，横で元気に吠えている。こちらももう15年と11ヶ月を過ぎた老犬である。死がこんなにあっけないものならば，ピコだっていつどうなるかわからない。いや，犬だけではない。施設にいる私の母だって。妻や私自身だっていつどうなるかわからない。そういうことなのだろう。

3

自主開発道徳・授業づくりの位相

道徳授業は〈後ろ〉からつくる

1 導入からつくるとうまくいかない

こんな経験はないだろうか。

生徒たちの興味を惹きつけられるようなおもしろい導入を思いついた。うん，いける。授業づくりの手応えを感じる。これは生徒たちも深く考えてくれるに違いない。もしかしたらこの授業に深く感じ入ってくれるかもしれない。授業づくりへの意欲が湧いてくる。構想が，活動が，指導言が，次々に湧いてくる。

ところが，である。導入で生徒たちを惹きつけ，展開で生徒たちが活発化する活動を立案できたというのにその先が進まない。終末が決まらないのだ。いや，このまま行けばそれにふさわしい終末はなんとなくわかる。でも何とも言いようのない違和感がある。無理強いしなくてはならなかったり，きれいごとを言ってまとめなくてはならなかったり，あんなに深く考えたのに言葉にすると月並みなありきたりの言葉にならざるを得なかったり……。いやいや，これじゃいけない。自分がやりたかった道徳授業はこんなまとめではいけない。なにか良い終末案はないだろうか。

ここでぱたりと授業構想が止まってしまう。そんな経験である。

よく漫画家や推理小説家が興味深い導入やおもしろい展開を考えて描き始めたり書き始めたりするけれど，結末を決めないで書き始めたがために最後に辻褄合わせをしてずいぶんと強引な結末を迎えてしまったという話を聞くことがある。連載で進めたときなどは，最後にファンの怒りを買う作品さえときに見ることがある。連続物のテレビドラマにもそうした印象を抱くものがたくさんあるのは周知の通りである。私は男性作家では村上春樹を，女性作家では桐野夏生を愛読する者だが，この二人の作家の長編小説も，私はおそらく結論を決めずに書いたのだろうという印象を抱いている。

かく言う私も，実はプロットを立てずに本を書き始めるタイプである。読者諸氏が読んでいるこの本はいま第３章を書き始めたところだが，第４章以降の構想がないままに書かれている。４章なんて３章を書き終えれば自然に見えてくるさ，最終章（何章になるのかは現在の私にはわかっていない・笑）だって，そこまで書き進めれば自然と書けるものだ，そんなふうに思いながら書いている。もしもまとまらないようなら編集者に言って頁数を増やしてもらうこともできる。ある程度の長さをもつ表現ならばそういうつくり方もある。それは確かだ。

私は事前にプロットを立てて本を書くのが苦手である。苦手というよりもプロットなんて立てても使い物にならないと感じている。書いている途中にどんどん別のアイディアが生まれてくるからだ。プロットを立てて書いたことはもちろんあるけれど，最初に立てたプロットとはまったく異なるものになることが多い（多いというよりも，すべてがそうだった）。

しかし，授業は違う。中学校でも50分，小学校なら45分で完結させねばならない。２時間続きの道徳というのは一般的にはないし，２週連続の道徳授業というのも考えにくい。もちろんガチガチに固めてしまっては授業も活力を失うが，それは別の問題だ。少なくとも終末を決めずに走り出していいものではない。とするならば，感想や自己評価を書いたり授業リフレクションをしたりする直前，展開での思考をどう生徒たちに実感的に落とし込むかということは，道徳授業づくりの核心とさえ言える。

ではどうするか。

2　授業は〈後ろ〉からつくる

その答えはそれほど難しくはない。

授業を〈後ろ〉からつくるのである。要するに終末からつくるわけだ。

実は授業を導入からつくって終末で戸惑うということは，その授業の核心が見えないままにつくり始めるということである。どのような授業でも，授業の核心は間違いなく授業展開の後半から終末にかけてにあるものだ。そこで戸惑うということは，或いは導入・展開との整合性に違和感を抱くということは，導入・展開と終末とが不整合を起こしているということなのである。終末が決まらないということは，なんのことはない，授業の最初と最後とが齟齬を来しているのである。

最初におもしろい導入を思いつく。それは確かに悪いことではない。思いつかないよりもはるかにいい。しかし，その導入はその導入の活動がおもしろいというだけで，実はその導入活動がおもしろい活動として完結したものを思いついたというだけのことなのである。実はその授業で扱おうとしている本質から生み出された導入ではない。だからその導入に合致した展開前半までは流れるものの，終末に連動させなければならない段階に入ったところで齟齬を来し，違和感が生まれるのである。そういう構造なのだ。

私は本を書くときは導入から展開へと，終末を考えずに書き始めるけれど，授業づくりに関しては「この教材では最後に何をすれば授業が成立したと言えるのか」「この教材では生徒たちが何を感じたり何について深く思考したりすれば目標が達成できたと言えるのか」を最初に考えることにしている。それは取りも直さず，それこそがその授業の核心であるからだ。「授業を〈後ろ〉からつくる」ということは，「授業を〈核心〉からつくる」ということと同義なのである。

3　終末の状況を意図的につくる

例えば前章で紹介した授業「はまなす」で考えてみよう。

授業の終末は松山千春の「はまなす」を歌詞を読みながら聴くという活動である。p.54の歌詞をもう一度お読みいただきたい。

この曲は，私の母が松山千春のコンサート時に涙ながらに聴いていたというエピソードの後に流される。聴かせるだけで，あとは授業の感想を書かせるだけで授業は終わる。全国のさまざまなセミナーでこの授業は模擬授業として提案しているので，それを受講したという読者も多いことと思う。どの会場でも誰一人しゃべることもなく，ただただ聴き入っている。会場は静まりかえり，松山千春の「はまなす」だけが大音量で流れている。そんな空間が出来上がる。これは生徒たちが相手でも同じだ。

それは言うまでもなく，私が自分の母親がこの曲を嗚咽しながら聴いていたというエピソードを曲を流す直前に語るからである。要するにこの「歌詞を読みながら曲を聴く時間」は，私が「さあ皆さん，そのときの私の母親の気持ちになってこの曲を聴いてみてください」と言っているのである。もちろんそうは言わないけれど，そういう状況になるように仕組まれている。

「ああ，この箇所で堀先生のお母さんはこう感じたのではないか」

「ああ，この歌詞こそが堀先生のお母さんを号泣させたのかもしれない」

歌詞を読みながら，曲を聴きながら，悪く言えばそう考えざるを得ない状況に追い込まれているとさえ言える。

4 終末状況に必要な要素のみで構成する

ではなぜ，生徒たちは，或いは模擬授業の受講者たちはそこに追い込まれるのか。それは端的に言えば，私がこの１時間の授業で，「この歌詞を解釈するのに必要な情報」だけを与え続けたからである。

授業は舞台がオホーツクの小さな漁師町であることを紹介するところから始まる。そこで暮らす漁師たちのつつましいながらも活気ある姿が描写される。しかしその雰囲気は決して豊かなものではなく，あくまで小さな漁師町。ニシンの群れが来たことを喜びはするものの，人々ははかない人生を歩んでいる。それを象徴するかのようにハマナスの花が紹介されている。ハマナスもまた海岸の砂浜に咲く小さな落葉低木に過ぎない。そのイメージはオホーツクにつつましくはかない人生を送る湧別の人々と重なる。

しかし，この授業において極めつきはこの歌詞の３番である。

眠れその身は砂の上　遠く海鳴り耳にして
眠れその身は風の中　時の流れに横たわり

その身は砂の上。その身は風の中。この歌詞はおそらく，この授業を受けた者たちの中で，私の祖父が右腕のみとなって砂浜の上に立っていたというエピソードと重なるはずである。私の母が嗚咽したのはこの箇所だったろうと，現在，息子の私は捉えている。母に直接聞いたことはない。そもそもこんなコンサートのエピソードは私には鮮明な記憶でも，母は覚えてさえいないかもしれない。もちろん直接尋ねたこともない。このエピソードは私にとって，長く自分の母親について疑問としてもやもやしていた事柄が元になっている。それを自分なりに解き明かしてからも，いまだに私は母に直接訊こうとはなぜか思えないのである（私の母は現在も存命である）。

実は宇治芳雄さんの『汝はサロマ湖にて戦死せり』には，この機雷暴発事故に伴うさまざまなエピソードが掲載されている。機雷の爆発を町民に見学させて戦意を高揚させようとした遠軽警察署長がリンチに遭いそうになったとき，「殺すのは後にして私にまずはこの事態を収拾させてくれ」と皆に頼んだというエピソードや，下湧別警防団のメンバーの一人が電車の遅れで一人だけ生き残り，後に町長となってこの事故で亡くなった人たちを戦死扱いにして恩給が出るようにと国に働きかけたエピソードなど，道徳的には価値のあるエピソードが目白押しである。

しかし，私が選んだのは祖父の右腕のエピソードのみである。祖母とのやりとりも扱っているけれど，それはすべて祖父の右腕が砂の上に立っていることの状況がわかるようになる，つまりはそのために必要なやりとりしか扱っていない。要するに，松山千春の「はまなす」を私の母の気持ちになって聴くという目的のために必要なエピソードのみを取り出して授業を構成しているわけである。

5 最後にすべての布石を回収する

授業というものはある意味で，終末に向かって次々に布石を打ち，最後にそれらの布石をすべて回収する営みであると言える。質の高い演劇がプロローグから細かな布石を打ちながら進み，エピローグでそれらのすべてがつながっていたことを観客に知らしめて大きな感動へと誘うように。ある種の漫才が冒頭から次々に布石を打ち，最後にテンポ良くそれらすべてを回収して爆発的な笑いを呼び込むように。道徳授業もまた，細かな布石を打ち続け，終末部でそれらを一気に回収する営みとして機能するのではないか。もちろんすべてがそうである必要はないけれど，この構成こそが大きな感動や深い思考へと誘うことは疑いようのない事実である。

そしてそのためには，道徳授業を〈後ろ〉からつくるのが一番なのである。結末を考えない演劇や漫才に布石の打ちようがないように，導入から考え始めた道徳授業は終末づくりに戸惑わざるを得ない。その導入は終末への布石として存在しているわけではないからである。

道徳授業を〈後ろ〉からつくり，導入や展開の各活動，各パートを終末の布石として捉えてみる。すると導入部分はかえって静かに始まった方がいいという判断が働くことがあるかもしれない。展開部分の問いの質が変わるかもしれない。展開部分でまとまらず，授業が曖昧なままで進むことがむしろ終末での布石の回収には効果的だという判断が働くかもしれない。いずれにせよ，授業が多角的に捉えられ，ダイナミックな展開へと相貌を変えていく，そんな可能性さえ見えてくるはずである。

道徳授業を〈敬愛する人〉でつくる

1 「敬愛」が教材研究を機能させる

まず，敬愛する著名人を一人挙げてみてほしい。俳優，ミュージシャン，スポーツ選手，政治家，思想家，作家……ジャンルはなんでもいい。ここでのポイントは「敬愛」である。「好き」というだけではなく，「尊敬の念」「畏敬の念」を抱いている，そんな著名人である。子どもの頃からいま現在までずーっと好きであり続けている，そんな著名人を挙げてみるといいかもしれない。

挙げられただろうか。

では，次に，その著名人のどんなところを敬愛しているのか，幾つか挙げてみていただきたい。箇条書きのメモを取りながら何点か挙げてみるのだ。

挙げられただろうか。

さて，その「敬愛する著名人」について，「敬愛のポイント」が幾つか列挙されたわけである。

いかがだろうか。「敬愛する著名人」について「敬愛のポイント」を幾つか挙げただけで，既にその著名人には授業化の可能性がないだろうか。教材として開発し，あなただけのオリジナル道徳授業として自主開発できる可能性がないだろうか。あなたが挙げた「敬愛のポイント」は道徳の内容項目のいずれかと重なっているはずである。その内容項目を扱う道徳授業の題材として，あなたの「敬愛する著名人」はふさわしいのではないだろうか。

しかも，あなたは殊更「教材研究」などと意気込まなくても，その著名人を何年にもわたって，場合によっては何十年にもわたって追い続けてきたのであり，一般の人よりもその人物についてよく知っているのである。実はそれほどの教材研究はいらない。むしろどのエピソードを授業化しようかと迷うほどではないだろうか。

いや，そんなエピソードはちょっと浮かばないな……。もしそういうことがあったとしたら，その人物をネット検索してみるといい。まず間違いなくWikipediaが冒頭の三つ以内くらいに上がってくるはずだ。それを開いてみるといい。自分の知らなかったエピソードがたくさん書かれているはずだ。他の頁も開いてみるといい。自分の敬愛する著名人について，さまざまな人たちがさまざまに評価しているのを目にするはずである。自分の感覚との共通点，自分の知らなかったこと，自分が見落としていたことなどが次々に目の前に現れ，「ああ，そういうこともあったのか」「なるほど，そういう考え方もあるのか」と次々に新しい発見があるはずである。

自分の大好きな著名人に関するエピソードや評価である。あなたはもう，それが楽しくて仕方ない……という心持ちになるはずである。時間を忘れて夢中になるに違いない。

「ああ，このエピソードは子どもたちに伝えたい」

「ああ，この評価の分かれ方，子どもたちにも問うてみたい」

教師なら必ず，そんな想いが湧いてくるはずである。そしてあなたの「敬愛する著名人」を題材とした道徳授業を開発するならば，実はそんなまったく苦にならない，楽しすぎるほどの，夢中になってしまう作業が「教材研究」として機能し始めるのである。

2 「敬愛する人物」は人生に関わっている

もしかしたらあなたはここまでを読んで，「そんなの個人的な趣味に過ぎないじゃないか」と思われるかもしれない。

しかし，そうだろうか。ルックスが好きなだけの俳優やアイドル，なんとなく観ると決めているシリーズドラマ，最近知ったお気に入りのお笑い芸人，そういったものなら確かに「趣味」かもしれない。でも私は「敬愛する著名人」と言っているのである。要するに長く追い続けてきた著名人である。新作が出れば必ず買って読むという作家，その人の出演する映画を観続けてきたという俳優，子どもの頃に好きになりいまなおずーっと聴き続けているミュージシャン，なるほど……と心震えるほどにその主張に納得させられた思想家，そうした人物は実はあなたの「鏡」なのではないだろうか。長きにわたって，あなたが成長するための，或いはあなたの人生を充実させるための「触媒」として機能してきた人物たちなのではないか。そしてそれはあなたの人生観，教育観，家族観，恋愛観……端的に言えばあなたの「世界観」を形成してきた大事な人物たちなのではないだろうか。

数年に一度，何度も読んだのにどうしてももう一度読みたくなる小説，数年に一度，どうしても観たくなる映画，なにかネガティヴなことがあったときに年に何度か聴いて励ましてもらっている自分の中の名曲，誰しもそうしたものをもっているものだ。それらは「趣味」と呼ぶには抵抗がないか。もう少し広く，もう少し深い，言葉にはできないけれどなにか人生に関わる某かではないだろうか。

次に問題となるのは，たとえそうだとしても，あくまで「個人的な体験」に過ぎないものを授業にかけ，子どもたちに伝えることの是非だろう。要するに，これは私個人の「特殊な体験」に過ぎないのではないか，それを扱うことは教育の公共性に反するのではないかという危惧である。

しかし私は，これも退けたいと思う。

教師はどんなに表面を繕おうとも，生身の人間として子どもたちの前に立っている。ひとたび生徒指導事案が起これば，生身の人間としての生身の感覚はどうしても前面に出ざるを得ない。いじめ事案が起こったとき，その処理の仕方はもちろん，事実確認の仕方にも事情の聞き方にも説諭の仕方にも生身の人間としての「クセ」が出る。A教諭の語り方とB教諭の語り方は絶対に違う。子どもたちはその細かな違いを，或いは細かな違いだからこそその背景に大きな世界観の違いがあることを敏感に感じ取り，ときには大きく納得し，ときには大きく反発することになるのではないのか。それが教育という営みにおいて人間同士が対峙する逃れようのない構造なのである。

とすれば，生徒指導場面よりもはるかに公共性が高く，表に出る場において教師の個人的特性が出るというのは，生徒指導場面で教師が意識せずに出してしまう個人的特性よりも，むしろ罪が軽いのではないかと私は思う。そもそも担任学級の子どもたちとの付き合いは１年を基本単位としている。次年度には学級編制があったり担任が替わったりして，子どもたちはまた別の個性の影響を大きく受けることになるのである。教師から見れば，子どもたちの長い学齢期において自分の影響は必ず「相対化される」ということだ。自分の個性を抑制しなければならない場面があることは確かだが，それを怖れるあまりに「自分だからこそできること」を抑制しすぎてはいけない。私はそう考えている。

そもそも自分が人生において大きく影響を受けた人物の生き方，楽曲，小説，映画……それらを子どもたちに語らずして，教師として生きていくことに何の価値があろう。それではロボットがやるのと同じではないか。

「私はこれにこんなふうに影響を受けた。どうだろう。皆さんの生きていくうえでの参考に少しはなるだろうか」そんなスタンスで担任が語ることには何の罪もない。

次頁から，私がそんなスタンスでつくった自主開発の道徳授業を幾つか紹介していこうと思う。ちなみに私が〈敬愛する著名人〉として取り上げたのは松山千春（シンガー・ソングライター），ロバート・デ・ニーロ（俳優・映画監督），そしていわさきちひろ（画家・絵本作家）である。

実践 1　A－(3)　向上心，個性の伸長

egoist：エゴイスト【自己中心主義者】

●『egoist：エゴイスト【自己中心主義者】』
（松山千春／日本コロムビア／2002年５月）

1 授業のフレームづくり

1 「エゴイスト」の概念規定

①「エゴイスト」という言葉を知っていますか？

②どんな人のことですか？

③「利己主義者」「自己中心主義者」と訳されます。

④松山千春に「egoist：エゴイスト」という曲があります。

2 ワークシート１（p.78）の配付

①歌詞の穴埋めをします。①～⑮を埋めてみましょう。ただし，空欄内の数字はその空欄を埋める音数です。字数ではないので気をつけてください。誰とも相談せずに取り組みます。時間は４分です。

②交流してみましょう。交流して考えを修正しても構いません。

穴埋めは一般にゲーム感覚（当てっこ）になりがちだが，この歌詞は当てるのが難しく，またブランクの数も多いので，生徒たちは当てっこを楽しむというよりも頭を抱えてしまう傾向が強い。従って，長く時間を取るのではなく，ある程度の時間を取ったら切り上げる方が適切である。７，８分～10分といったところだろうか。

ブランクは３音・５音・８音で構成されており，生徒たちは意味的な整合性のある語呂合わせで進めていくと思われる。全編八五の定型である。生徒たちが戸惑っているようなら，この音韻を伝えたい。理想としてはこの定型

が事後の交流で生徒たちから出てくるのがいい。

なお，解答は以下の通りである。

① もとめ
② かたみちきっぷで
③ わすれてあげたい
④ あなた
⑤ わたし
⑥ そして
⑦ だから
⑧ ぬぐわ
⑨ こころ
⑩ へいわ
⑪ すくえ
⑫ ほこれる
⑬ じごく
⑭ せをむける
⑮ みとめ

当てっこが目的でない以上，交流時間も短めで切り上げる。生徒たちはこの詩に「大人の感覚」の言葉遣いではありながら，青年期前期と共通する感覚を読み取るものと思われる。

2 授業の中心活動

3 楽曲を聴く（p.79のワークシート２参照）。
※それが必然的に答え合わせとなる。
※生徒たちには赤でワークシートに答えを記入しながら聴くことを指示する。

ここで生徒たちは八五定型を体感することになる。また，比喩や一般的にはつながらない表現（言語連鎖／規範ずらし）などが多用されており，一見難しく感じられるが，どのフレーズも中学３年生ならば十分に感得できると思われる。一点だけ，「生命をかけても守りたい　誇れるものなど何も無い」というフレーズだけは生徒たちにわかりにくく，「生命をかけても守りたい」ような「誇れるもの」が「何も無い」のだというつながりを助言する必要が生じるかもしれない。

なお，一連の「穴埋めする→交流する→楽曲を聴く」という流れは，詩の内容を生徒たちに強く印象づけるための手法である。

4 エゴイスト概念の再構成

①ワークシート2（p.79）を配付する。

②「自分にもあるなあ……」という行を三つ，１・２・３の順位をつけて選びましょう。

③交流してみましょう。

④皆さんも感じたことのある思考法がたくさんありましたね。

別観点での活動を始めるため，全文記載のワークシートを改めて配付する。

発問「『自分にもあるなあ……』という行を三つ，１・２・３の順位をつけて選びましょう」で，生徒たちは「他者の思い」として捉えていた詩を初めて当事者意識をもって自分と比較しながら読むことになる。明日が絶望的だとしても明日を求めるか。希望に突き進むとき，いまいるこの場所に戻ることはできるのか。これまで出会った人たちの中に忘れてはいけない人がいる一方で，自分に「忘れてほしい」と思っている人がいないだろうか。誰もが自分自身でいたいと感じているのではないか。こうした具体的な当事者としての読み方を場合によっては例示する必要もあるかもしれない。

交流は４人グループ。まずは１を，次に２を，３を，の順で取り上げていくことを指示する。一つの順位につき３～４分程度。計10～12分程度の交流である。話の盛り上がりようによっては長くなるグループもあるが，全体として長くても15分程度で切り上げる。

3 授業のまとめ

5 授業感想の記入
①この人はほんとうに「エゴイスト」ですか？ ○か×かを記入して，その理由を簡潔にまとめましょう。
②交流してみましょう。

発問「この人はほんとうに『エゴイスト』ですか」については，時間を取って個人で考えさせたうえで，授業感想欄に記入させることのみで対応してもいいかもしれない。時間があれば授業感想を書いてからの交流時間を取るという考え方でいいだろう。

「つながり」「思いやり」「人を傷つけない」「適切な振る舞い」といった協同的価値・協働的価値が生徒たちを無意識に支配する社会である。それが無意識の同調圧力として生活の細部にまで浸透している社会でもある。ある種，「つながりファシズム」とも言える息苦しい社会の中で，誰もが抱く「エゴイズム」をただ否定するのでなく，それが自己の確立や個性の伸張には不可欠であること，大切なのはバランス感覚であることを感得する一助としたい。そうした思いを抱いてつくった授業である。

egoist:エゴイスト【自己中心主義者】

明日が涙を流すなら　私は明日を①[3　　　]ない
希望という名の電車なら　②[8　　　　　　　]出ているよ
忘れちゃいけない人がいる　③[8　　　　　　　]人がいる
④[3　　　]が④[3　　　]であるように
⑤[3　　　]は⑤[3　　　]でいたいだけ

⑥[3　　　]今を生きる　⑦[3　　　]今を生きる

悲しみが頬を伝うなら　私は涙を⑧[3　　　]ない
例えば誰かを憎んでも　私は⑨[3　　　]を憎まない
欲望と夢の狭間から　⑩[3　　　]が手招きしているよ
愛で救われる世界なら　世界は私を⑪[3　　　]ない

⑥[3　　　]今を生きる　⑦[3　　　]今を生きる

生命（いのち）をかけても守りたい　⑫[4　　　　]ものなど何も無い
正しいものならここにある　私は⑤[3　　　]をこばめない
正直者さえバカを見る　無器用者なら⑬[3　　　]見る
死んでいくことが運命なら　私は運命に⑭[5　　　　　]

⑥[3　　　]今を生きる　⑦[3　　　]今を生きる

明日が涙を流すなら　私は明日を①[3　　　]ない
暗闇が続くこの世なら　私はこの世を⑮[3　　　]ない

ワークシート１

egoist:エゴイスト【自己中心主義者】

A 個性の伸長

年　　組　氏名

明日が涙を流すなら　私は明日を求めない
希望という名の電車なら　片道キップで出ているよ
忘れちゃいけない人がいる　忘れてあげたい人がいる
貴方が貴方であるように　私は私でいたいだけ

そして今を生きる　だから今を生きる

悲しみが頬を伝うなら　私は涙を拭わない
例えば誰かを憎んでも　私は心を憎まない
欲望と夢の狭間から　平和が手招きしているよ
愛で救われる世界なら　世界は私を救えない

そして今を生きる　だから今を生きる

生命(いのち)をかけても守りたい　誇れるものなど何も無い
正しいものならここにある　私は私をこばめない
正直者さえバカを見る　無器用者なら地獄見る
死んでいくことが運命なら　私は運命に背を向ける

そして今を生きる　だから今を生きる

明日が涙を流すなら　私は明日を求めない
暗闇が続くこの世なら　私はこの世を認めない

◆先生の問いに答えます。

ワークシート2

実践 2 A－(4) 希望と勇気，克己と強い意志

デニーロ・アプローチ

読者の皆さんはロバート・デ・ニーロという俳優を御存知だろうか。10年前であればこんな問いかけは必要のないほどの誰もが知る大スターだったのだが，最近の若い人は御存知ないかもしれない。名前には覚えがないという場合には，「ロバート・デ・ニーロ」の名で検索してみてほしい。名前は知らなくても顔は知っているかもしれない。

1970年代から1990年代にかけて出演する映画はほぼすべてが大ヒットしたという大スターである。出演作が多くヒット作も多いので，若い人でも１本くらいは出演作を観ている可能性がある。20世紀に活躍した有名な俳優はたくさんいるけれど，私はロバート・デ・ニーロこそが20世紀一番の俳優なのではないかとさえ感じている。20世紀とは比較にならないが，彼は現在も十分現役であり，最近はデ・ニーロの事務所に爆発物が仕掛けられたというニュースが飛び交ったことが記憶に新しい。

ロバート・デ・ニーロは1943年８月17日生まれ。出身はニューヨークのグリニッジ・ヴィレッジである。職業は俳優であり，50歳を超えた頃から映画監督として自身がメガホンを取るようにもなった。役柄への徹底したこだわりをもつことで知られ，その役柄になりきるための接近方法・研究方法は次第に「デニーロ・アプローチ」と呼ばれるようになり，尊敬を集めるようになった。そんな俳優である。

1 授業のフレームづくり

授業の導入では，上のような説明をしながら，①ロバート・デ・ニーロと

Robert De Niro

ロバート・デ・ニーロ

1943年8月17日生
ニューヨーク グリニッジ・ヴィレッジ出身
職業：俳優・映画監督

役柄への徹底したこだわりをもつことで知られ、
その役柄になりきるための接近方法は
次第に「デニーロ・アプローチ」と呼ばれるようになった。

いう俳優がいるのだな，②どうやら有名な俳優らしいぞ，③役づくりが徹底していて他の俳優からも尊敬を集めているそうだ，④その役づくりに対して「デニーロ・アプローチ」という用語まで生まれているほどらしい，という認識を生徒たちに抱かせることになる。

その後は，「デニーロ・アプローチ」とはロバート・デ・ニーロが取り組んだどんな方法を指しているのかを15分程度かけて解説していくことになる。著作権の関係で許諾が下りず写真は使えないので（というよりも許諾の取りようもないので），ここで私が語った内容のみを簡単に紹介していく。

THE GODFATHER Part Ⅱ／1974年

ロバート・デ・ニーロの実質的なデビュー作とも言える映画である。既に１作目を大ヒットさせていた『THE GODFATHER』の第２作において，主演マーロン・ブランドの若き日の姿を演じたのがデ・ニーロである。

『THE GODFATHER』はシチリア島出身のマフィアのファミリーの話なのだが，そのゴッド・ファーザーの若き日の姿を演じるために，デ・ニーロは撮影前数ヶ月にわたってシチリア島に住み，シチリア訛りのイタリア語をマスターした。また，主演のマーロン・ブランドはしゃがれた声で独特の言い回しをする俳優なのだが，それをほぼ完璧に模写した。更には第1作で特徴的だったマーロン・ブランドが右側の首から顎のあたりに触れる仕草も完璧に模写し，マーロン・ブランド演じるゴッド・ファーザーの若き日の姿を役づくりとして象徴的に形作ったのである。ちなみにこの『THE GODFATHER Part II』でのデ・ニーロの演技は批評家の間でも高く評価され，アカデミー賞の助演男優賞を受賞している。

TAXI DRIVER／1976年

初の主演作であり出世作ともなった『TAXI DRIVER』では，撮影前に3週間ほど，実際にニューヨークでタクシードライバーとして働いていたという逸話が残っている。確かに物語前半で見せるロバート・デ・ニーロのタクシードライバーぶりは堂に入っている。

またこの映画では，前半のタクシードライバーとして好青年然とした姿と，狂気に陥り猟奇的な事件を起こす表情とのあまりにも大きな違いが話題となった。この狂気の演技もこの映画が高く評価される所以の一つである。

※読者の皆さんは，「タクシードライバー」「ロバート・デ・ニーロ」で画像検索をかけてみてほしい。両手に拳銃を持ったモヒカンのデ・ニーロの怖ろしいほどの狂気の表情がすぐに見つかるはずである。

THE DEER HUNTER／1978年

撮影数ヶ月前から物語の舞台となったピッツバーグで実際に暮らしたと言う。現地に暮らす人々の雰囲気を肌で感じようとしたのであろう。ピッツバーグの鉄工所で働こうともしたが，既に顔を知られるようになったデ・ニーロは現地の人たちに拒否されてしまったとも言う。

この映画は，デ・ニーロと同じような役づくりへのこだわりを示す女優メリル・ストリープとの初共演作でもある。その後，メリル・ストリープとは現在までに四度共演している。

RASING BULL／1980年

実在したボクサー，ジェイク・ラモッタの生涯を描いた作品。ジェイク・ラモッタのボクサーとして鍛え上げられた肉体を見事に再現した。現役ボクサー時代のシーンを撮り終えた後は，今度は引退後の姿を再現するために実際に20kg 以上太って撮影に臨んだ。

こうした肉体改造は「デニーロ・アプローチ」において重要な役づくりの要素であり，デ・ニーロは肉体を鍛え上げるのみならず，自由に太ったり痩せたりしたことでも知られている。肉体を90kg 以上にまで太らせた『エンゼル・ハート』（1987年／アメリカ）と，逆に50kg 程度にまで絞り込んだ『ラスト・タイクーン』（1976年／アメリカ）とでは，実に40kg の体重差がある。

THE KING OF COMEDY／1983年

これまでのいわゆる「格好いい役柄」から脱して，主人公のコメディアン，ルパート・パプキンを好演した。Wikipedia によれば，「コメディアン志望の青年であるルパート・パプキンを演じるにあたり，デ・ニーロは数か月間に渡ってスタンダップコメディアンたちのステージを鑑賞し続け，パフォーマンスにおける間やタイミングを研究した」と言う。

また，松田優作は『ペントハウス』誌のインタビューでデ・ニーロについて「この映画を見る前までは手が届く存在だと思っていたが，これを見て脱帽した」と絶賛したとも言う。

なお，この作品はロバート・デ・ニーロにとって三十代最後の作品である。

ONCE UPON A TIME IN AMERICA／1984年

ニューヨークのユダヤ系ギャンググループを題材とした長編映画である。この映画の主人公ヌードルスを演じるにあたって，ロバート・デ・ニーロはヌードルスの生活習慣を知るためにユダヤ人家庭にホームステイした。

ちなみにこの映画は，私の人生で観た映画の中で最も好きな映画である。

CAPE FEAR／1991年

この映画でも，悪役マックス・ケイディを演じるために肉体を鍛え上げ絞り込んだ。そのうえ役づくりでは人相を悪くするために，歯科医に5,000ドルを払って汚い歯にしてもらい，撮影後は逆に20,000ドルを払ってすべての歯を治してもらったと言う。医療まで使った役づくり。「デニーロ・アプローチ」畏るべしと言える。

2 授業の中心活動

1. これからロバート・デ・ニーロが飛ぶ鳥を落とす勢いで活躍していた1980年代の映画のシーンを三つ観てもらいます。
2. 皆さんはそれを観ながら，ロバート・デ・ニーロの演技のどのあたりがすごいのか，簡単にメモを取ってください。あとでそれを交流してもらいます。
3. 三つのシーンを視聴する（以下参照）。
4. 交流しましょう。

FALLING IN LOVE／1984年（邦題：恋におちて）

ラストシーン。ロバート・デ・ニーロとメリル・ストリープがかつて出会った本屋で再会し，軽く挨拶をしただけでお互いに帰路に就くものの，デ・ニーロがこの機会を逃したら二度と会えないかもしれないときびすを返し，メリル・ストリープを追いかけ，電車内で再び見えるシーン。

THE UNTOUCHABLES／1987年（邦題：アンタッチャブル）

アル・カポネ役のロバート・デ・ニーロが食事会場での長いスピーチの後に，突如，裏切り者をバットで打ち付けて殺害するシーン。

AWAKENINGS／1990年（邦題：レナードの朝）

痙攣が再発したロバート・デ・ニーロが病院の食堂で恋する女性と食事をし，その後ダンスするシーン。バスで帰っていく女性を窓から寂しげに見送るところまで。

三作ともロバート・デ・ニーロとしては四十代の作品である。

『恋におちて』は普通に建設現場で技師として働くサラリーマンの役柄。特に高度なメイクや特殊な演技が必要とされるわけではない。三作の中で四十代のデ・ニーロの素の姿に最も近いのがこの役だろうと思われる。しかし，他の二作は異なる。特殊なメイクやデ・ニーロにしかできないと思われるような特殊な演技が観られる作品である。その意味で，生徒たちが他の二作品と対比して捉えられるようにこの作品を提示している。

『アンタッチャブル』はアル・カポネの役である。アル・カポネに似せるために実際に頭髪を抜いて演じたと言う。直後の映画出演が決まっていたため体重を増やすわけにはいかず，体は服の下にボディスーツを着用して対応したが，顔だけは太らせて撮影に臨んだと言われている（どうやってそんなことができるのかは私にも謎である）。しかも，アル・カポネのこのシーンのデ・ニーロは本当に怖い。不気味で，且つ威厳がある。それでいて目は笑っていない笑顔。この演技力は観る者を震わせる。

一方，『レナードの朝』のデ・ニーロはパーキンソン病で痙攣が止まらない患者役を演じている。重病患者の役を演じるために，舞台となった病院で実際に数ヶ月間にわたって入院生活を送ったそうで，その演技には息を呑むばかりだ。この痙攣はほんとうに演技なのかと思わせるほどのリアリティである。

いずれにせよ，これらのロバート・デ・ニーロの演技は生徒たちをも圧倒する。職業というものが，これほどの強い意志と努力によって成り立つものなのかと驚きを隠せなくなる。私にとっても，この「デニーロ・アプローチ」の授業は大事な授業である。

実践 3 B－(6) 思いやり，感謝

雨の日

●『あめのひのおるすばん』
（岩崎ちひろ 絵・文，武市八十雄 案／至光社／1968年）

私の小学校時代は1973年４月から1979年３月までの６年間である。国語の教科書は教育出版社のものだった。

当時の教育出版の国語教科書の表紙は常にいわさきちひろだった。学年別上下巻の12冊の表紙すべてである。思えば小学校の６年間にわたって，私たちは毎日いわさきちひろの絵に触れていたことになる。私たちの小学校生活には常にいわさきちひろがいた。そう言って過言ではないと思う。これで影響を受けぬはずはないし，これでいわさきちひろを好きにならぬはずもない。環境とはさようなものである。

私は就職して以降，いわさきちひろ関連の書籍を買い漁り，ときに感動し，ときに癒やされながら生活している。もう50年近くにわたって私のそばにはいつも「いわさきちひろ」がいる。

1 授業のフレームづくり

1 「子犬と雨の日の子どもたち」（いわさきちひろ，1967年）を提示する。
2 どんな声が聞こえますか。台詞で箇条書きしてみましょう。
3 交流してみましょう。
4 「黄色い傘の少女」（いわさきちひろ，1969年）を提示する。
5 少女は何を見ているのでしょう。理由とともに想像してみましょう。
6 交流してみましょう。

前述したように，私は子どもの頃からいわさきちひろに囚われているので，画集も絵本もたくさん持っている。たくさんのお気に入りの絵の中でもこの２枚は特にお気に入りで，本教材が絵本『あめのひのおるすばん』であることもあって，授業の導入ではこの２枚を用いた。前者は子どもたち３人が雨の日に子犬に話しかけている様子を描いた絵，後者は黄色い傘を差した少女の後ろ姿を描いた絵で表情が見えない。ともにちひろ美術館所蔵である。どちらもタイトルで画像検索すれば見ることができるだろうが，別にこの２枚である必要はまったくない。いわさきちひろには雨の日の子どもを描いた絵はたくさんある。また，こうした授業に使う教材というのは，授業者のお気に入りを使うのが一番良い。教師が気に入っているものを提示すると，それはなんとなく生徒たちにも伝わるものである。

さて，双方の絵を御存知の方，またはネットで画像検索して御覧になった方はわかると思うが，前者は描かれている要素を関連づけながら絵を読み取る作業になるし，後者は少女が見ている対象も少女の表情もわからないのであくまで自分の世界で想像するしかない。教師が好きな絵を選んでいいといっても，こうした難易度に対するスモールステップの意識は大切である。

1960年代後半に描かれた絵という，既に描かれて50年以上が経過している作品ではあるが，「子どもの本質」というものはそう大きく変化するものではない。特にいわさきちひろの絵は現在の生徒たちに対しても喚起力が高いようで，生徒たちはほのぼのとした雰囲気の中で「ああでもない，こうでもない」と交流する。それぞれの絵について５分程度の時間を使って，絵を読み取る，絵から想像するというフレームを生徒たちにつくることが目的である。

2 授業の中心活動

7 「わたしの　おねがい　おまどに　かいた」を提示する。
※絵本『あめのひのおるすばん』の中の見開き頁
8 外は雨。おうちに一人。さて，どんな願い事を書いたのでしょうか。
9 交流してみましょう。
10 では，ストーリーを確認しましょう。「わたしの　おねがい　おまどに　かいた」という絵がどんな場面なのか。よく確認してくださいね。
※『あめのひのおるすばん』を読み聞かせる。
11 では，どんな願い事を書いたのか。もう一度考えてみましょう。さきほどと変わっても構いません。
12 交流してみましょう。

「わたしの　おねがい　おまどに　かいた」という見開きは，この絵本の後半に出てくる。その見開きを提示しながら「外は雨。おうちに一人。さて，どんな願い事を書いたのでしょうか」と発問するわけだ。

ある程度思考できる要素は散りばめられていながらも，ちょっと絵が抽象的で主人公の少女以外には具体物が出てこない。そんな絵である。フレームづくりで取り組んだ「要素関連づけ」と「外挿的な想像」との両方を駆使して取り組まなくてはならない。そんな課題である。十分に時間を取って生徒たちに考えてもらったうえで，交流である。

その後，『あめのひのおるすばん』を読み聞かせる。

この絵本は風船を誤って空に飛ばしてしまった少女が，母親に「おかあさん　どこまで　いったか　みてきて」と頼むところから始まる。最初は「だあれも　いない　おへやなの」と余裕をもっていた少女だったが，なかなか帰ってこない母親にだんだん不安が募ってくる。窓の外を眺めたり，飼い猫と遊んだり，おもちゃのピアノを弾いたりと，不安を消し去ろうとさまざまに時間つぶしを試みるけれど，母親は帰ってくる様子がない。ふだんの母親の言いつけを想い出したり，あまだれと一緒に歌ってみたりするけれど，やはり母親は帰ってこない。と，突然，電話が鳴る。1968年の作であるからかつてのダイヤル式の黒電話である。びりりん！びりりん！と大きなベルが鳴る電話だ。少女は突然の音にびっくりしてカーテンの陰に隠れてしまう。電話のベルは止まるが，やはり母親は帰ってこない。もしかしたらいまの電話は母親だったのではないか……。そんな思いもよぎり，母親になにか帰ってこられない事情ができたのかもしれないと思い始める。そんな中，日は沈みかけ，「だんだん　くらく　なってきた　おかあさん　はやく」と，最初の満更でもなかった「あめのひのおるすばん」はすっかり不安に包まれてしまった。

「わたしの　おねがい　おまどに　かいた」と少女が濡れた窓ガラスに願い事を書くのはこのときである。しかもその願い事を書いた途端に母親が帰ってくる。

「あっ　おかあさん」

少女は母親に抱きつき，「あのね　あのね」と語りかける。

母親の帰宅ですっかり安心した少女は，「でんわ　なってよ　もう　いちど　おるすばんだって　できたんですもの」と，もう留守番中の不安だった気持ちを忘れて，自分が大人に近づいたかのような生意気なことを考える。

こんな物語である。

生徒たちは小さな少女が雨の日に一人で留守番をしていることから，母親に早く帰ってきてほしいという類いのさまざまな台詞を考え，それを交流することになる。「やった！　当たった！」と先に書いた設定が当てはまっていたことを喜ぶ生徒たちも少なからずいる。そりゃそうだ。私が「外は雨。おうちに一人。さて，どんな願い事を書いたのでしょうか」と問うているのだから（笑）。問い自体がいかにも「設定は留守番だよ」と言っている。

13 さて，もう一度『あめのひのおるすばん』を読み聞かせます。ただし今度は二つの観点をもちながら聞いてください。

観点１：少女はいつから窓を見始めたでしょうか。そして何度，窓の外を眺めたでしょうか。

観点２：更にそれぞれの場面で「窓」に何を見ていましたか。

窓を見る場面は何度も出てきますし，あとで交流しますから，メモを取りながら聞いた方がいいかもしれません。

※再び，『あめのひのおるすばん』を読み聞かせる。

14 二つの観点について交流しましょう。

母親の帰りを待つ少女は，実は留守番中窓の外を何度も何度も見ている。

まず第一に風船が飛んでいく場面。特に窓の外という描写はないが，雨の日なので外とは考えにくい。おそらく窓の外に見たのだろう。第二に「だあれも　いない　おへやなの」と留守番を意気に感じている冒頭で，既に窓から外の庭を見ている。第三におもちゃのピアノを弾いて時間つぶしをしながらも，窓の外が気になるようで「あまだれも　うたってる」という描写がある。第四に「そうだ　ゆび　なめちゃ　いけないって」と母親の言いつけを想い出したときにも，すぐに「おはなが　ぬれて　なんだか　ふしぎ　なんだか」と窓の外の景色を見ている。第五に電話が鳴ってびっくりしたあと，「いまの　でんわ　おかあさんかしら」と母親を思い，窓の外に目を向ける。「だんだん　くらく　なってきた　おかあさん　はやく」と日が暮れるのを見て不安が最高潮に高まる。そしていよいよ第六に，「わたしの　おねがい　おまどに　かいた」なのである。

少女は結局，母親が出かけた直後から，窓の外ばかり見ているのだ。そしてそれはおそらく，自分は「だあれも　いない　おへや」にいながらも，外にいる母親に思いが無意識に向いてしまっていたことを表しているのだろう。

「おかあさん　はやく！」

「はやく　かえってきて　おかあさん」
　窓に書く願い事の台詞自体はなんでもいい。しかし，その台詞，その願いは，「おるすばん」が始まった最初の瞬間から願われていた，大きな，重い想いなのである。

3 授業のまとめ

15 「あっ　おかあさん　あのね　あのね」を提示する。
※『あめのひのおるすばん』の結末近くの頁
16 「あのね　あのね」の後，お母さんに何を語りかけたのでしょうか。台詞の形で書いてみましょう。
17 交流してみましょう。
18 母親と幼少期の子どもとの関係について考えたことを感想の形で書きなさい。

　こうした幼少期の子どもの姿を読み取り，幼少期の母子関係を捉えることによって，自分にもそうした時期があったことを認識するとともに，母親への感謝の念を無意識的に喚起していく。そんなことを目的とした授業である。

道徳授業を〈コラボ〉でつくる

1　授業は「方向づけ」を必要とする

前節「道徳授業を〈敬愛する人〉でつくる」（pp.70～91）において，私の実践を三つ紹介した。

その紹介において「導入・展開・終末」という語を使わずに「授業のフレームづくり」「授業の中心活動」「授業のまとめ」という語を用いた。長く道徳授業づくりをされてきた方，道徳授業研究をされてきた方は違和感を抱かれたかもしれない。

道徳の授業に限らないが，授業には必ず〈山場〉があるものだ。その１時間の授業で最も生徒たちに広く深い思考を促したい場面である。多くの場合，そこでは某かの〈活動〉が組まれる。そしてそれはたいてい，「展開部」の後半に来る。私は中学校の国語教師であるが，国語でもそれは同じだ。

一般的な教科の授業には，多くの場合，数時間から十数時間の連続性がある。例えば，「走れメロス」でメロスが疲れ果てて走り続けるのを諦めかける場面を扱うとき，「走れメロス」の授業は既に４時間程度を経過していることが多い。生徒たちの中ではこの場面を学習するとき既に「メロス頭」とでも言うべきものが形成されている。数学で関数を学ぶときの「関数頭」や図形を学ぶときの「図形頭」にも同様のことが言える。

しかし，道徳の授業は原則として単発の１時間である。しかも教材は毎回変わり，指導事項（＝内容項目）さえ大きく変わってしまう。更に言うなら，中心活動で考える視点・観点も「日常的に考えたこともなかったこと」であることが少なくない。とすれば，道徳の授業においては授業の〈山場〉，即ち「中心活動」に入る前にオリエンテーション（＝方向づけ）を念入りにしなくてはならない。いわば生徒たちの頭を念入りに耕さねばならない。「今日はこの方向性，この枠組みで考えてみよう」というオリエンテーション，それが「授業のフレームづくり」と考えていただけるとありがたい。

こうした「生徒の頭の耕し」は，道徳授業においては一般に，導入で「○○した経験はありませんか」とか「○○といえば何だろう」とかいった形で，生徒たちの生活経験を短時間で掘り起こすことによって行われる場合が多い。そこから課題を与え，教材を読み……と展開していくわけだ。しかし私はこの程度の短時間の導入では，生徒たちの中では中心活動に入るための準備が形成されないと考えている。教材もなんとなく読むことになるし，課題は実感を伴ったものにならない。そしてそれは中心活動の「機能度」を大きく損なうのである。

2 授業は「フレーム」と「中心活動」でできている

展開部の後半に授業の中心活動があるのだとすれば，それ以前の所謂「導入部」から「展開部前半」は，実は中心活動を行うための「生徒の頭の耕し」つまり「授業のフレームづくり」なのではないか。これが私の考え方である。「授業のフレームづくり」は生徒たちに「思考のフレーム」「感受のフレーム」を形成することであり，私はそこに授業の少なくとも15分，長ければ30分程度をかける。35分間で「フレーム」をつくり，その後は本教材である５分のビデオをそのフレームで視聴するだけ，最後の５分で感想を書くだけ，そんな授業さえあるほどだ。

実は授業段階を「導入・展開・整理」「導入・展開・終末」と捉える在り方は，授業を「現象」として捉えた授業段階である。確かに現象として捉えた方が授業を参観する側からは見やすいし捉えやすい。学習指導案で盛んにこれらの授業段階が用いられるのはそのせいだと思う。

しかし，授業は「現象」ではなく「機能」なのである。どんなに現象的に活発な授業だったとしても，生徒たちの中に深い思考がなく思いつきをしゃべっている程度なのだとすればそれは失敗授業である。逆に，生徒たちに現象的活発さは見られなくても，与えられた課題に戸惑い，「自分なんかにあれこれ言う資格はない。いったいどうすりゃいいんだ。僕にはわからない。判断できない……」と当事者意識をもって考えることができていたとすれば，それはその課題が生徒たちに大きく「機能した」ことを示すだろう。それは現象的には「沈黙」であったとしても，機能的には「生産的沈黙」とでも言えるべきものであり，授業としては「成功」の名に値する。

もちろん現象的に活発な授業のすべてが機能していないわけではないし，機能する授業のすべてが端から見て沈黙するのでもない。要するに，私の言うのは，授業者は「現象的な活発さ」に囚われず，「機能性」を軸にして授業づくりをすべきなのだという意味である。このように考えたとき，授業を「導入部」だの「展開部」だのと分けるのではなく，授業の前半を思考や感受のための「フレームづくり」と捉え，その「フレームづくり」に時間をかけてじっくりと取り組むべきだという結論に私は至ったのである。

私が「授業のフレームづくり」「授業の中心活動」という言葉を用いるのにはこのような経緯がある。ただし，「授業のまとめ」だけはケース・バイ・ケースで，教師がメッセージを投げかけて終わる場合もあれば生徒たちが授業内容を振り返って終わる場合もあるので「授業のまとめ」という語を使っている。

3 コラボ教材で機能の役割を分担する

私はこのような考え方に立って道徳の授業づくりを行っている。しかも，本章（p.64）で述べたように授業は〈後ろ〉からつくる。要するに「授業の中心活動」からつくっていくわけだ。

前章で紹介した「はまなす」であれば，中心活動は私の母の視点に立って松山千春「はまなす」を聴くことである。「エゴイスト」であれば楽曲「egoist」の歌詞の中に自分自身の感受との共通点を見出すことだ。「デニーロ・アプローチ」であれば『恋におちて』『アンタッチャブル』『レナードの朝』のロバート・デ・ニーロの演技を比較することだし，「雨の日」であれば『あめのひのおるすばん』の少女が窓の外に何を見，何を感じていたかを考えることが中心活動である。それ以前はすべて，その中心活動を的確に行うための「フレームづくり」に過ぎないのである（「過ぎない」という言葉を用いていいほど軽いものではないが……）。

このような視座に立つとき，当然のことながら，「授業の中心活動」を担う教材と「授業のフレームづくり」を担う教材とがそれぞれ異なった教材になることがある。

道徳の授業において，教材はイコール指導事項ではない。教材は「手品師」であったとしても，指導事項は内容項目である「誠実」である。教材は「二通の手紙」であっても，指導事項は「遵法精神」である。

かつて国語科教育において「教材を教えるのか教材で教えるのか」という論争があった。既に「教材で教える」のだと決着のついている問題である。国語科は言語の教育であり，培うべきは言語能力であって，「ごんぎつね」や「走れメロス」といった教材自体ではない。当然のことである。

道徳授業もこれと同様の構造をもつ。授業の「中心活動」を担う教材は，その教材で指導事項＝内容項目を扱おうとしているのであって，決してその教材自体を教えようとしているのではない。とすれば，「授業のフレームづくり」と「授業の中心活動」とを担う教材がそれぞれ別々であることは，まったく問題ではないのである。それぞれが「フレームづくり」「中心活動」のねらいにとって機能性が高く，授業の展開として生徒たちが複数の教材に戸惑わない配慮さえなされていれば，むしろ歓迎されるべきことだとさえ言える。

さて，こうした「授業のフレームづくり」と「授業の中心活動」とを担う教材がそれぞれ別のものである授業を，私は「コラボレーション道徳」と呼んでいる。次頁から，「コラボレーション道徳」の授業を紹介していきたい。

実践 4 C－⒀ 勤労

帰り道

●「帰り道」
（松山千春『伝えなけりゃ』／日本コロムビア／2015年４月）
●「人事部が学生に『学校』と『会社』の評価のちがいについてホントのところを説明した。」(https://blog.tinect.jp/?p=21242)
（安達裕哉「Books & Apps」／2016年３月１日）

1 授業のフレームづくり

1 お父さんの疲れ

①あなたのお父さんは疲れていますか？
②もしかしたら，あんな疲れた大人にはなりたくないなあ……と感じたことのある人もいるかもしれません。
③では，どうしてお父さんはいつも疲れているのでしょう。
④実は，松山千春にそんなお父さんたちの思いを歌った名曲がありますので，聴いてみようと思います。
※松山千春「帰り道」を聴く。
※曲にあわせて歌詞を提示する。

授業ではインターネット上にある帰宅途中の電車で疲れて寝てしまっているお父さんたちの写真を提示しながら語っていった。生徒たちは父親や母親が仕事から帰ってきて疲れている姿を日常的に見ている。しかし，その疲れの本質を知らない。当然のことだ。

松山千春「帰り道」はそんな大人の疲れの本質を１曲で伝えられる名曲である。松山千春が還暦を迎える年にリリースされたアルバム『伝えなけりゃ』に収録された１曲であり，日常生活に巣くう人間の性（さが）を平易な言葉で語り続ける松山千春らしいバラードである。

帰り道　　作詞：松山千春

涙こらえて　帰ろう　ごらん輝く星達
何ひとつ変わりのない　一日をまた送った
涙こらえて　帰ろう　明日という日に向かって
なぐさめの言葉もなく　見上げると流れ星だ

夢よ　夢よ　抱きしめて　くれないか
僕は　僕は　それなりに　生きている

涙こらえて　帰ろう　嘘いつわりはなかった

涙こらえて　帰ろう　風が心を支える
めぐり会う人は全て　いい人達だと思う

夢よ　夢よ　抱きしめて　くれないか
僕は　僕は　それなりに　生きている

涙こらえて　帰ろう　嘘いつわりはなかった
涙こらえて　帰ろう　恵まれているのだろう

自分の人生の「終わりなき日常」性を本音ベースで語りながらも，自分の人生を，そして関わってきた周りの人たちすべてを肯定的に見ようとする姿は，多くの働く大人たちの感覚に重なる。

帰り道

涙こらえて　帰ろう　ごらん輝く星達
何ひとつ変わりのない　一日をまた送った
涙こらえて　帰ろう　明日という日に向かって
なぐさめの言葉もなく　見上げると流れ星だ

夢よ　夢よ　抱きしめて　くれないか
僕は　僕は　それなりに　生きている

涙こらえて　帰ろう　嘘いつわりはなかった

涙こらえて　帰ろう　風が心を支える
めぐり会う人は全て　いい人達だと思う

夢よ　夢よ　抱きしめて　くれないか
僕は　僕は　それなりに　生きている

涙こらえて　帰ろう　嘘いつわりはなかった
涙こらえて　帰ろう　恵まれているのだろう

2　「帰り道」（松山千春）のポジティヴィティとネガティヴィティ

①どうしてこんな思いになってしまうのでしょう。

②ネガティヴな側面

・涙こらえて　帰ろう
・何ひとつ変わりのない　一日をまた送った
・なぐさめの言葉もなく
・夢よ　夢よ　抱きしめて　くれないか
　僕は　僕は　それなりに　生きている

③ポジティヴな側面

・嘘いつわりはなかった
・めぐり会う人は全て　いい人達だと思う
・恵まれているのだろう

3　人生には短い「夢をもつ時代」とその後の「長く現実を生きる時代」とがあります。多くの人の中でこの二つは対立します。「帰り道」はその矛盾を端的な言葉でよく描いています。「帰り道」のポジティヴな側面とネガティヴな側面との混在はその表れです。多くの大人たちはこの詩に深くうなずくことでしょう。

人生は一般に，10年程度の身内に守られる時代，10年程度の夢をもつ時代，50年程度の現実を生きる時代，その後の静かな安定を求める時代という四つの時代でできている。生徒たちに50年に及ぶ「現実を生きる時代」のイメージはない。しかも，この時期は今後，更に延長される可能性が高い。

2 授業の中心活動

ここで中心教材「人事部が学生に『学校』と『会社』の評価のちがいについてホントのところを説明した。」（安達裕哉「Books & Apps」，2016年３月１日）を配付し，読むことを指示する。

人事部が学生に「学校」と「会社」の評価のちがいについてホントのところを説明した。

ある企業のインターンを見た。

人事と現場の人がかなり熱心にインターンプログラムを作っていたので，「仕事の実態」が学べたと，学生さんも満足度が高いようだった。

その最後の交流会のとき，参加者の一人が人事の人に聞いていた。

素朴な疑問だった。

「業務内容はなんとなくイメージが付くんですけど，まだ働きはじめる実感がわかないんですよね。特に人事とか評価については想像がつきません。

やったことが，どうやって評価されるんでしょう？なんかキレイ事はたくさん聞くんですけど，ぶっちゃけどうなのか，って思います。」

人事の人はしばらく考えていた。

「そうですね……。ぶっちゃけて言うと学校における評価とはかなりちがいます。たしかにキレイではない話ですが……，話して良いんですか？」

学生たちは頷いた。

「まず根本的に違うのが「成績」から「貢献度」になること。

成績は勉強さえすれば一人でも上げられます。でも貢献度は「成果」をまわりが「認めて」初めて貢献したとみなされます。自分だけでは評価を上げられません。これが一番のちがいです。

ちなみに，貢献度が低い人には普通，あまり発言権がありません。

多分「何を生意気言ってんだこいつ」って思われます。何か言いたいなら，実績を作るしかない。「発言力は，貢献度に比例する」ですね。

二つ目のちがいが，「公平」から「不公平」ですかね。

先生は生徒を一応公平に見ますよね。でも，会社の人は基本的に自分にメリットのあることしかしません。

「こいつには高評価を与えよう」という動機は上司にメリットがあるからです。要するに「上司であるオレの役に立つかどうか，オレが気に入るかどうか」で評価が決まります。

逆に，こいつは教えてもダメだな，と思われたら，放置されるでしょうね。

人って，冷たいんですよ。人事をやっていてよく分かるんですが，所詮みんな，自分にしか興味が無いのです。

三つ目のちがいが，「評価軸が一つで分かりやすい」から，「評価軸が複数で，分かりにくい」ですかね。

学校や受験は，テストの成績が全てですし，何をすれば評価されるか分かりやすかったですよね。

でも，会社はちがいます。評価軸は明示されているものもありますが，暗黙のものも数多くあります。また「何をすれば評価されるか」は普通，教えてもらえません。
はっきり言えば「なんとなく」で判断されることがとても多くなります。
「何をすれば評価されるか教えて下さい」なんて言ったら，上司に「面倒な奴」と思われるのがオチです。

四つ目のちがいが，「ルールを守る人の評価が高い」から，「ルールを作る人の評価が高い」ですかね。
学校はルールを守る人が褒められたと思いますが，会社は「皆が納得できるルールを作ることのできる人が偉い」です。
ようするに，言われたことに従うだけではなく，上司も含めてうまく人を動かす事のできる人になりなさい，ってことです。

最後のちがいは，なんといっても「短期評価」と「長期評価」ですかね。学校はせいぜい３年，長くても６年ですが，会社は３年経ってようやく独り立ちというレベルです。
なんといっても働く期間は30年，40年ですからね。皆さんはようやくスタートラインに立ったに過ぎません。
そういう意味では，学歴なんて所詮は入り口がちょっと違う，という程度です。皆さんが思っているほど，学歴は大した差ではありません。
本当に差がつくのはこれからなんですよ。」

まずは，本実践の趣旨に免じ，転載を許諾してくださった安達裕哉氏に心より感謝したい。ありがとうございました。

4 資料を配付する。

①評価の基準が「成績」から「貢献度」になること

②評価者の目が「公平」から「不公平」に変わること

③評価軸が「一つでわかりやすい」から「複数でわかりにくい」に変わること

④高い評価を得られる人が「ルールを守る人」から「ルールを作る人」に変わること

⑤評価期間が「短期評価」から「長期評価」に変わること

5 自分ができているなあ……と感じるところと，自分はできていないなあ……と感じるところに，それぞれ青と赤でマーキングしながら読みます。

6 感想を交流しましょう。

7 では，どうすればいいのでしょうか。いまからできる準備があるとすればどんなことでしょうか。

8 交流してみましょう。

この資料は2016年にインターネット上で拡散されたものであるが，「現実を生きる時代」の本質を突いたものである。「現実を生きる時代」には「夢をもつ時代」とのこうした矛盾がある。生徒たちに資料の人事担当者の言を読ませることは，今後，こうした矛盾が立ち塞がることへの構えとして記憶に残っていくものと思われ，中学生には必要な指導と考えられる。

交流は４人。特に自分にその資質があるか否か，自己認識について時間を取って交流させたい。「授業のまとめ」として最後は感想を記入するのみとし，一次反応を取って変容を比較すること等はしない。記憶にとどめる，答えを出すのは生徒たち自身であり，彼ら彼女らのこれからの人生であると考えるからだ。

現在，ネットを中心に多くの媒体（含・マスコミ）において，社会人となることは個人の自己実現であることが喧伝されている。時代の風を真正面から浴び続けるのが若者の特徴とすれば，生徒たちもこうした社会人イメージ，勤労イメージを真正面から受け止めているはずである。

一方，労働はお金を稼ぐための手段であり，大切なのは家族や趣味，要するに「余暇」であって，勤労は苦役とのイメージも流布している。昨今の「働き方改革」の提案はまさにこの風潮による。生徒たちもこうした勤労イメージ，労働イメージを真正面から受け止めているはずである。

しかし，言うまでもなく「勤労」「労働」は一方的に自己実現のためのものでもなければ，一方的に我慢を強いられるだけのものでもない。自己実現や苦役としての側面の他，「自らの居場所」として機能したり，「社会に貢献する喜び」を得たり，「同僚との共同性」を感じたり，「誰もが助け，助けられながら生きていること」を知ったりと，さまざまな側面がある。

実は学校生活においても，低学年より高学年，高学年より中学生と，次第に「学級に対する貢献度の高い児童生徒」「学校に対する貢献度の高い児童生徒」が高く評価されるようになる。反面，成績の良い児童生徒，運動のできる児童生徒，特技をもつ児童生徒など自己評価の高い児童生徒が，学級担任や教師陣から受ける評価の低さに不満を抱く場合がある。学級担任や教師陣がこの資料同様，大人の視点で児童生徒を評価する傾向があることもまた生徒たちに認識させる良い機会となるのかもしれない。

いわば，「社会がどのようにできているのか」を考える契機として位置づけた授業である。

実践
5
C－⒁　家族愛，家庭生活の充実

ネタにマジレス

●「カミナリの漫才」（https://www.youtube.com/watch?v=t0UMD6mJx_Q）
●毎日新聞投書「努力は実を結ばないのね」（2017年７月10日付朝刊）に対するネット上の反応

1 授業のフレームづくり

「カミナリ」というお笑いコンビを御存知だろうか。ツッコミの「たくみくん」がボケの「まなぶくん」を「そういえば〇〇だな！」と激しく叩きながらツッコむ，いわゆる「どつき漫才」を旨とした茨城県出身の若手コンビである。M－１グランプリの決勝にも2016年・2017年と２年連続で進出した経緯があるので，御存知の方も多いだろうと思う。いわゆる「どつき」の激しさには賛否両論あるようだが，私はそのパフォーマンスの激しさとは逆に，ネタに柔らかさと温かさが感じられるものが多く，このコンビの漫才が好きである。

1　唐突ですが，まずは漫才を一ネタ御覧ください。
※漫才を視聴する。

テレビ番組のゲスト出演で自己紹介がてらに演じたと思われる，「10回クイズ」を題材とした１分半ほどの短い漫才である。

まず，まなぶくんが「ねえねえたくみくん，俺，10回クイズ，１回も引っかかったことないの。だから何か問題出して」とたくみくんを挑発する。そこでたくみくんが10回クイズの定番「シャンデリア」をまなぶくんに言わせる。「シャンデリア，シャンデリア，シャンデリア……」と繰り返すまなぶくん。すかさずたくみくんが「じゃあ，毒リンゴ食べて死んだのは？」と問うと，まなぶくんは平然と「白雪姫」と答える。「おお，すげえ。みんなシャンデリアに引っ張られてシンデレラって言っちゃうのに……」とたくみくん。「すごいでしょ。俺，10回クイズ得意なんだよ」とまなぶくんが自慢げに語ったところで，たくみくんがまなぶくんの頭をバシッ！と叩く。キョトンとした表情のまなぶくん。

「そういえば，９回しか言ってねえな！」

ビデオで繰り返して観たけれど，確かにまなぶくんは「シャンデリア」を９回しか言っていない。まったく内容とは関係ない，別次元の意外性をもってきて笑いを取る理想的な展開である。

ここで攻守交代。「じゃあ，イカって10回言ってみて」とまなぶくん。手で回数を数えながら「イカ，イカ，イカ……」と間違いなく10回言うたくみくん。間髪を入れずに「サンタクロースが乗ってきたのは？」とまなぶくんが問うと，たくみくんは「そりゃ，シカだっぺ！」と自信ありげに答える。「残念。サンタクロースが乗ってきたのはトナカイでした！」とまなぶくん。「ごめん，間違えた」「駄目だよ。自分が間違えてるのに人の頭ひっぱたいたら」といつものやりとりがあったところで，再びたくみくんがまなぶくんの頭をひっぱたく。

「サンタが乗ってきたのはソリだな！」

これまた予想外の展開である。シカかトナカイという動物の違いに観る者を惹きつけておいて，その枠の外にある真理を提示して笑いを取る。これまた理想的な笑いの取り方と言える。

「じゃあ，最後最後」とまなぶくんが次の問題を出す。「お母さんの馬鹿！これ，10回言って」。「ああ，お母さんの馬鹿って10回言えばいいんだな」と言いかけるたくみくん。ふと気づき，やっぱりまなぶくんの頭をひっぱたく。いつものように驚くまなぶくん。

「１回でも言っちゃいけない言葉だな！」

「お母さんの馬鹿なんて１回でも言っちゃいけない言葉なのに，なんで10

回も言わそうとするんだ。もうそういうこと言っちゃいけない。わかったか」というたくみくんの言葉に，「わかった」とまなぶくん。「わかったじゃねえ。返事は『はい』だ」

「はい，はい，はい……」と10回言おうとするまなぶくんの頭をもう一度たくみくんがひっぱたき，「『はい』は１回！」と叫んでネタは終わる。

パフォーマンスの激しさにテンポの良さ，そしてネタの巧みさと温かさが相まって，心地よい漫才に仕上がっている。

2 ボケとツッコミの役割を説明する。

【ボケ】

話題の中で面白い事を言うことが期待される役割である。話題の中に明らかな間違いや勘違いなどを織り込んで笑いを誘う所作を行ったり，冗談などを主に言う。

【ツッコミ】

一方，その相方は，ボケの間違いを素早く指摘し，笑いどころを観客に提示する役割を担う。ボケの頭を平手や軽い道具で叩いたり胸の辺りを手の甲で叩いて指摘する事が多い。

※「Wikipedia」の項目「漫才」による

言うまでもないことだが，お笑いコンビ「カミナリ」では，まなぶくんがボケ，たくみくんがツッコミである。

ネタの構造は以下のようになっている。

①シャンデリア　→　そういえば９回しか言ってねえな！
②イカ　→　サンタが乗ってきたのはソリだな！
③お母さんの馬鹿　→　１回でも言っちゃいけない言葉だな！
④わかったか　→　「はい」は１回でいい！

ボケは話題の中に「明らかな間違いや勘違い」を織り込んで，ツッコミはそれを「素早く指摘し，笑いどころを観客に提示する」役割を担うわけだが，「カミナリ」はこの定義通りに漫才を運んでいる。いずれにしてもツッコミは，ボケの間違いを指摘する，「正しいこと」「常識的なこと」を提示して訂正する役目を追う。つまり，ツッコミの言うことは「正しさ」「常識」が前提とされているということでもある。

ここまでを説明して，さて，この漫才においてたくみくんは「正しいこと」「常識的なこと」を言っているはずなのだが，とまとめて，次の問いを提示する。

3 「お母さんの馬鹿！」はなぜ，一度でも言ってはいけない言葉なのでしょう。

4 交流しましょう。

生徒たちからは「お母さんにはここまで育ててもらった恩があるから」とか「お母さんには感謝すべきだから」とかいった意見が出るが，この「母親に対して感謝すべき」という枠組みこそが，この授業の「フレームづくり」なのである。

2 授業の中心活動

5 2017年の夏のことです。子育てを終えたあるお母さんの新聞への投書がネット上で大きな話題となりました。

6 ネット上の反応を提示する。

7 どんな内容の投書だったと思いますか。ネット上の反応を読んで考えてみましょう。

8 交流してみましょう。

ここで提示したインターネット上の反応は以下の11の反応である。

【ある母親の新聞投書への反応】

反応1）息子が好きでその生き方を選んでるんだからいいじゃん。「息子のため」とか言いつつ「自分が報われるため」に子育てしてたんだろうね。

反応2）こんな発言してる時点で，まともな母親じゃなかったんだろうな。本人は努力してきたつもり。でも，真の姿は息子に簡単に見破られていた。

反応3）どんな育て方しようが息子が健在ならそれで努力は報われてるじゃねえの。てめえの思い通りにならないからって「努力が報われなかった」とか何様のつもりかと。子供はお前のおもちゃじゃねえ。

反応4）すべてを，親のカタチに塡（は）めすぎたのではないでしょうか。この記事を読んでるだけでも私が子供だったら，反抗すると感じました。すべては子を愛するが故の行動でもその大半は，単なる母親の不安や心配事であり，叱る前に，子の成長を“笑顔”で誉めてほしい。

反応5）ああ，このタイプの人間本当に嫌いだわ。一方的に聞いているという事が分かってないという，自覚症状ない自己中に多い。

反応6）いちいち嫌味ったらしく新聞でわざわざ愚痴投稿してる時点でなんか変な親。字面だけだと分からない事実が隠れてる。

反応7）その子にもよるけど，その子が親になった時に「自分が親にしてもらった事」の意味を深く考える様になって改めて感情を感じる例もあるよ。長い人生の中で経験した事は無駄にはならないと私は思う。

反応8）皆さん，深刻な感じに捉えてますけど，私は記事を読んで，爆笑しました‼「同じ，同じ‼」って。思い通りには育たなかったかもしれませんが，二人の子育てが出来て，私は誇りに思ってます。

反応9）一生懸命な母親像が目に浮かぶ！　そして，自分も重なることがあるー‼
反応10）涙が出ました。私の気持ち，そのままです。
反応11）コレは，オカンみんな思ってるでしょう。

生徒たちはこれらの反応を読んで，よほど我が子に対するひどい愚痴を記した投稿なのだろうと想像する。反応７以降の割と肯定的な反応よりも，反応６までの否定的な反応の方がインパクトが強いからだ。交流しても生徒たちの反応は同様の構図で進む。「ほんとうは子どもを虐待してたんじゃないか」という世相を踏まえた意見さえ出るほどだ。そこで，実は次のような反応もあったのだと，更に反応を二つ加える。

反応12）子どもへの愛をおもしろおかしく書いてみた文章だと思うのだけど。
反応13）ネタにマジレス。

ここで元投書を提示することになる。

実はこの新聞投書は「西東京市　疲れた母 55歳」さんからのもので，「努力は実を結ばないのね」と題して，子育てを終えて，なかなか意図通りにはいかなかった子育てを，我が子への愛情とともにユーモアを交えて書いた文章である。

努力は実を結ばないのね

虫歯で苦労しないよう仕上げ磨きを欠かさなかったのに，今じゃ歯磨きしない男に。毎晩本を読み聞かせていたのに，今じゃケータイ以外の活字は読まない男に。保育園や学校の給食表を冷蔵庫に張り，献立が重ならないように手作りしていたのに，今じゃカップ麺大好き男に。環境のため親子でエコ活動していたのに，今じゃ一面ごみの部屋で暮らす男に。

少子化バンザイ。こんな理不尽な母親になれなんて，未来ある人に絶対言えない。徒労感いっぱいで，私は卒親する気満々だ。ただ，あふれる愛で，大切な存在を守ることに必死だった日々。幻でも一時それがあったことに感謝している。

卒親にあたって息子らにひと言。「努力が全く実を結ばない世界があるってこと，教えてくれてありがとう」

どう考えても，この文章は「反応12」氏の「子どもへの愛をおもしろおかしく書いてみた文章だと思うのだけど」というタイプの文章である。新聞社もそうした文章として掲載したに違いない。しかし，インターネット上ではそうした筆者の意図を読み取れず，反応１～６に見られるような否定的な反応が圧倒的に多かった。もちろん，世の中の多くの人たちがそう感じたということではなく，インターネット上に自らの思い，怒りを投稿する一部の人たちがこの文章の意図を読み取れずにこうした反応を示した，ということなのだと思う。あくまでこうした反応は「ネット」を住処とする読解力のない人たちの反応だったのだろう。インターネット上ではそうした人たちの反応ばかりが目につくので，結果的にこうした否定的な反応が圧倒しているように見えるだけだ。

9 カミナリは「お母さんの馬鹿！」に対して，「１回でも言っちゃいけない言葉だな！」とツッコんでいました。それはボケの間違いや勘違いに対して，「正しいこと」「常識的なこと」を即座に提示して笑いを取るという高度な技術として提示されていました。

10 しかし，この「疲れた母」さんもまた，ユーモアとしてこの文章を綴っているのです。いわば「ボケている」わけです。なのにそれに適切にツッコめない，適切に読み取ってユーモアで返すことのできない人が増えているのではないか，この文章のユーモアを読み取れない，

「常識的な感受性」を理解できない人たちがネット上にたくさんいるのではないか，そんなふうに感じます。

11 「お母さんの馬鹿！　これ，10回言って」というボケに対して「1回でも言っちゃいけない言葉だな！」とツッコむ。もしかしたら，このボケとツッコミさえ理解できない人たちがこれから増えていくのかもしれない。そんな恐怖感さえ抱きます。

12 反応13の「ネタにマジレス」。まさにこうした「ネタ」に「マジレス」で怒りをぶつける，そんな構図がここにはあります。

最後に授業のまとめとして感想を記述させ，この授業を終えた。

正直，インターネット上の反応を見ていると，「この国は大丈夫なんだろうか」と感じることが最近少なくない。私のそんな思いを授業として構成してみた。そんな授業である。

道徳授業は〈ネタ集め〉が勝負である

1　見つけた素材を散逸させない

「アンテナを高く」という言葉がある。

道徳の授業づくりで言えば，教材化できるような素材に対する感受性を敏感にすることを指す。私は正直，道徳素材に関する「アンテナ」はそれほど高くないと自己認識している。

私は月に一度程度のペースで，札幌で道徳のセミナーを開催しているのだが，私以外の教師たち，中でも若い教師たちや女性教師たちが私には思いも寄らないような素材を使って道徳の模擬授業を提案するのを目の当たりにしてきた。よくこんなこと思いついたなという授業を毎回目にするし，とても敵わないなと思うこともしばしばである。

しかし，そうした私から見て「アンテナの高い人たち」は，私に対して逆の印象を抱いているはずである。私は道徳授業を量産している。例えば私は2018年の１年間に40本以上の自主開発道徳授業をつくった。それもまずまずの質を担保した授業を開発できたと自負している。

なぜ私にそんなことができるのかといえば，私が自分の必ずしも高くないアンテナに引っかかった素材を一つも散逸させないからである。つまり，思いついたものはすべて使うからなのである。それにはアンテナに引っかかったものすべてを収集する〈システム〉が必要である。

次頁の写真を御覧いただきたい。

これは私の日常的に使用している PC の画像である。「ドキュメント→道徳素材」とフォルダを開いたときの画像だ。

私はネット上でちょっとでも「ああ，これいつか何かに使えるかもな……」と感じたものはすべてダウンロードすることにしている。そして適当

なタイトルをつけて新しいフォルダとして起こしてしまう。この作業が日常的に癖になっている。私の「仕事術」や「読書術」の著書を読まれた方ならおわかりかと思うが，私はいつか必要になるかもしれない，いつか必要になる日が来るかもしれないと少しでも感じたものに関しては，必ず取っておくことにしている。道徳授業の素材についてもこれと同じシステムを敷いているわけだ。

2 集めた素材一覧を眺める

取っておく「素材の卵」はインターネット上の記事である場合もあるし，画像である場合もあるし，動画である場合もある。気になったものをすべて取っておくとなると必要な容量はかなりのものだ。だから私はPCは1TBのものを購入するし，1TBの外付けハードディスク4台を書斎の机上に置いて生活している。それらの情報は週に一度整理し，バックアップも必ず取る。

セミナーの模擬授業や公務上の授業で新たな授業を開発しなければならないとき，私はこの「道徳素材」というフォルダを開く。「道徳素材」内のそれぞれのフォルダを開くことはないけれど，その適当につけたタイトル一覧を眺めるだけで，「ああ，そういえばこんなのあったな」と授業づくりの萌芽が生まれてくる。また，一覧を眺めているうちに，「あれ？　これとこれは同じ構造じゃないのか？」というものが見つかると，「コラボレーション道徳」の可能性が生まれてくる。「帰り道」と「人事評価」の記事のコラボ，「カミナリ」の漫才ネタと「疲れた母」氏の投書のコラボという授業もこうして生まれたものである。

既にさまざまなところに書いていることの繰り返しになるが，世の中に「純粋なオリジナリティ」というものは存在せず，新しく創るものというのは「新しいものを発見した」というよりも，これまでに当然のようにあったあるものを別の側面から見るとこういうことが見えてきたとか，これまでにあったＡというものとＢというものを組み合わせてみたらこんな効果があったとか，そうした手続きを踏んで生まれてくるものである。その「別の側面」から見た視座とか全然関係ないと思われていたＡとＢとを「組み合わせ」てみたとか，そうした発想が新たなものを生み出すのである。

とすれば，こうした「別の側面」から見やすい状況，別々のものを「組み合わせ」やすくなる状況というのを，自分の生活の中に意図的につくり出すことができれば，新しいアイディアや新しい発想が生まれやすくなるのである。このシステムは自分の「アンテナの低さ」を補って余りある。私はそう感じている。

3　こだわりにはとことんこだわる

私は思うところがあって，2017年から2018年にかけてセミナーと呼ばれる場に登壇するのをやめていた。正直に言えば，連休があれば飛行機に乗ってどこかに出かけ，連休最終日に夜遅く帰宅し，疲れ果てて連休明けの勤務に就くという生活が馬鹿馬鹿しくなったのである。2019年度からは依頼があればぼちぼち出かけているが，それでもかつてに比べればその数は圧倒的に少ない。

北海道外のセミナーに出るのをやめた2017年のゴールデン・ウィーク。久しぶりに連休を堪能できると，私は松山千春のアルバムをリリース順に聴くことにした。原稿を書いたり本を読んだりするBGMとして聴いたのではない。何かに取り組みながら聴くのではなく，歌詞カードで歌詞を追いながらしっかりと聴くのである。

そのうちに私は思いついて，これらの歌詞を道徳の内容項目ごとに分類してみることを始めた。一曲聴いてはこれはAの自分自身に関することだな，これはBの人との関わりに関することだな，とやっていったわけだ。馬鹿馬鹿しい作業だが何かが生まれるかもしれない。生まれなかったとしても話のネタくらいにはなる。そう思って最後まで取り組んだ。オリジナルアルバムとベストアルバムをあわせてちょうど60枚あったので，結局GWだけでは終えられず，その後の連休も何度かこの作業に費やした覚えがある。

しかし，実はこの作業こそが，後に私に「はまなす」や「egoist」,「帰り道」の授業をつくらせたのである。この作業がなかったらこれらの授業はこの世になかっただろうし，私はこれらの授業を思いつきもしなかったに違いない。

そしてここが大切なところなのだが，このオタクじみた作業は私が松山千春を「敬愛」しているからこそ始めようと思ったのであり,「敬愛」しているからこそ続けることができたということなのだ。私は現在，松山千春の楽曲を題材とした道徳授業を既に７本つくっている。

しかし，この作業の効果は，実はその程度の次元では終わらなかった。

松山千春のアルバムを歌詞を目で追いながらリリース順に60枚聴くということは，実は松山千春という一人の作詞家の二十歳から還暦までを通して追っていくという作業を意味していたのである。つまり，松山千春の40年にわたる成長物語を読んでいくような試みだったのである。この効果は絶大だった。

二十代の頃は，好きな女性に思いを告げることができず陰ながら思い続けるとか，たとえ振られたとしてもあなたを思い続けるとか，そんな歌がたくさんある。しかし，三十代を迎えた頃からそうした世界はほぼ皆無になり，その代わり恋愛の矛盾であるとか，うまくいかなかった恋愛から学んだことか，そうした体験からの再生であるとか，そうした世界観が現れ始める。

また，松山千春といえば「大空と大地の中で」に象徴されるように北海道の自然をテーマにした曲が多いわけだが，この自然に対する捉えにも大きな変化が見られた。若い頃の歌にはこの大地の中で自分は力強く生きていくとか，自然に癒やされるとかいった世界観が歌われているのだが，四十代になった頃から，自らが自然と一体化し，風のように，或いは川のように流されているという運命論的な世界観が多くなってくるのである。まるで『方丈記』の世界観のように。

更には，言うまでもないことかもしれないが，本書で取り上げた「帰り道」のような大人の悲哀，生きていくことの悲哀，運命を受け入れることの悲哀と幸福のような世界観はもちろん若い頃には見られない。私はある著書のあとがきで，松山千春について次のように綴ったことがある。ちょうど本書で紹介した「帰り道」が収録されたアルバム『伝えなけりゃ』がリリースされた時期のことである。

いま，松山千春の最新アルバム『伝えなけりゃ』を聴いています。松山千春五十九歳，三十九枚目のオリジナルアルバムです。この少々傲慢でエゴイスティックなイメージのある北海道出身のフォークシンガーを僕は愛して止みません。松山千春がデビューしたのは一九七七年一月ですから，僕は小学校四年生でした。彼はそれ以前から北海道のラジオでは既に有名人でしたので，その頃からの千春ファンは，彼の二十歳から還暦までをずーっと見てきたことになります。僕もレコード・CD で音源化されているものについてはすべて持っています。現時点で，僕は十歳から五十歳までの四十年にわたって，この十歳年長のフォークシンガーを追い続けてきたということになります。

いまとなっては，新党大地のテーマソングになってしまった感のある「大空と大地の中で」を初めて聴いたときの衝撃が忘れられません。小学校高学年というのは，周りの女の子たちがどんどん大人っぽくなっていく時期ですから，ちょうどその時期にリリースされた「時のいたずら」という曲にも思い入れがあります。

年齢を重ねると，こうした長年触れ続けてきた表現者というものを幾人ももつことになります。音楽だけでなく，文学や芝居を含めれば，僕の場合，数十人にもなるような気がします。彼ら彼女らが次第に成熟していくのを見ていると，どんな分野においても成熟の大枠は同じような経緯を辿るのかな……なんてことも感じます。特に松山千春の歌詞はその趣が大きいのです。五十歳を超えた頃から，彼の歌詞は言葉がどんどん少なくなり，行間に情緒を醸すようになりました。自分の意志をストレートに表現することの多かった歌詞が，運命的なものに，自分の意志ではどうしようもないものに対する畏敬のようなものを表現するようにもなってきました。「そんなにあせる事はない」「コツコツとやるだけさ」「私は風吹くままに揺れてる」「僕はそれなりに生きている」「時の流れはとても速くて生きて行くだけでギリギリだけど」などなど，成熟の意味を知る者だけが語れるシンプルな言葉を連ねるようになってきている，そんな印象を与えます。

先にも述べたように，松山千春は僕よりちょうど十歳年上です。僕が二十歳のときに彼は三十歳でしたし，僕が三十歳のときに彼は四十歳でした。僕が四十歳のときには五十歳でしたし，そして僕が五十歳を迎えようとしているいま，彼は還暦を迎えようとしています。そんな節目節目の年に，松山千春のアルバムがリリースされる度，僕は「ああ，次の十年はこんなふうな境地に至る十年なのかもな……」と感じたものです。そんな想いを抱きながら，いま，『伝えなけりゃ』という最新アルバムを聴いているのです。

こうしたなんとなく感じていた印象が，一つ一つの具体的なデータとしてまさに目の前に現れた。この年のGWの作業は私にとってそうした意味をもっていた。

私は本章（p.70～）で「敬愛する著名人」というものは人生に関わる某かであると述べた。それを子どもたちに語るべきだとも言った。それは松山千春を通して実感された，私のこんな想いが言わせた言葉なのである。

4

教科書道徳・授業づくりの位相

〈シンクロ道徳〉を提案する

1 教科書道徳が中心である

道徳の教科化に伴って教科書教材が道徳授業の中心となるのは明らかである。そのこと自体に抵抗する術はない。通常の教科の授業で考えてみればいい。国語や算数・数学で教科書を使わないとすれば，それは行政からの批判だけでなく，同僚からも保護者からも子どもからも非難の的になるはずである。「教科書ができる」というのはそういうことだ。

ところが，現場ではどうも教科書の評判がよろしくない。やれ，おもしろくないだの，やれ，実態に合っていないだのといった声が方々から聞こえてくる。教科書によっては原典のリライトが不適切と思われるものも散見され，私自身，正直に言えば同じように思わないでもない。

しかし，教科書教材の授業をおもしろくすることはできる。また，効果的にすることもできる。ちょうど，国語科でおもしろくない教科書教材を授業の工夫でおもしろく展開できるように。提示の仕方や学習活動の工夫で，機能するような道徳授業につくり替えればいいのである。教材をそのままなめるような授業を想定するから「おもしろくない！」ということになる。たとえどんなに興味深い教材があったとしても，ただなめるだけではやはりおもしろくはないのである。すべての教材が興味深く，子どもたちの実態に合ったものを載せろというのはないものねだりに過ぎない。そんなことを愚痴ってる暇があったら，さっさと工夫の仕方を考え始めた方がよろしい。我々の仕事はそこにこそあるのだから。

2 ソロ・縦のコラボ・横のコラボで授業する

かく言う私は教科書教材の授業を行うにあたって，「ソロ」「縦のコラボ」

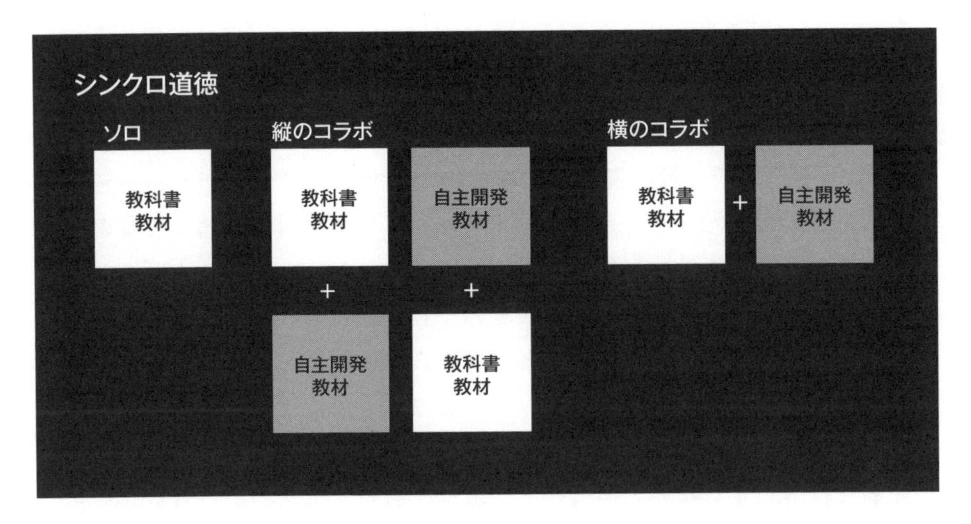

「横のコラボ」という三つの授業を開発して臨むことを思いついた。

次のような意味合いである。

① **「ソロ」**とは，その教科書教材のみで行う授業。
② **「縦のコラボ」**とは，教科書教材を読んだうえで，それと内容的に関連する自主開発教材を扱う授業形態。或いは自主開発教材を扱ったうえで教科書教材を読んでいく授業形態。
③ **「横のコラボ」**とは，教科書教材ともう一つ自主開発教材を並べ，両者を比較・対比しながら進む授業形態。

また，これらの授業形態は授業者の中で互いにシンクロし合うことによって授業の精度を高め，子どもたちの中では複数の教材がシンクロし合ってその機能性を発揮するため，〈シンクロ道徳〉と名付けた。

では，〈シンクロ道徳〉の「ソロ」「縦のコラボ」「横のコラボ」はどのような授業形態なのか。また，どのように機能するのか。

以下，それぞれを小学校高学年教材「手品師」「ブランコ乗りとピエロ」の二教材を例に解説していくことにしよう。

ソロ授業で多面的・多角的に考える

「ソロ」とは，その教科書教材のみを用いて行う授業形態である。言ってみれば普通の授業だ。おそらく全国で行われている教科書道徳の授業の９割は，この「ソロ」の授業形態だろう。

ただし，私の実感として言えることは，自主教材の授業を日常的に開発している人間のつくる「ソロ」授業と，自主教材の授業をつくったことがない人間のつくる「ソロ」授業とでは，似て非なるものが出来上がる。前者はその教科書教材を多角的な視点から見ようとするし，後者は内容項目に沿った一面的な見方しかしない。前者はその教科書教材を批判的に見る目をもち，子どもたちにも批判・批評させることを厭わないが，後者はその教科書教材を肯定的にしか捉えられず，子どもたちにも教材を肯定的な視点で見ることを強いる。そうした違いとして表れる。

一般に，教科書教材の道徳の授業をつくる場合，多くの教師はその教材を内容項目に従った一つの視点から解釈しようとする。多くの地教委の指導主事も多くの地域で道徳授業研究をリードする教師たちも，内容項目と教科書教材との一致を長く当然のテーゼとしてきただけに，その発想から自由になれない。そのことが実は授業づくりの工夫の可能性を妨げている（図１）。

図1

教科書教材を用いて複数の視点で子どもたちに話し合わせようとする気の利いた教師でも，せいぜい教材を二視点から捉えて，双方の立場から話し合わせようとする程度にとどまっている（図２）。これでは「物事を多面的・多角的に捉える」どころかそれは「一面的な捉え」であり，教材を解釈するうえで「死角」だ

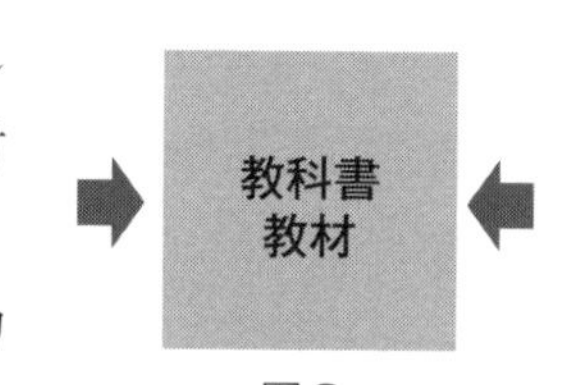

図2

らけになる。学習指導要領が想定する更に上位の段階である「自己の生き方についての考えを深める」は，「物事を多面的・多角的に考える」ことを前提としている概念である。従って二視点から考えた程度では，その域までは到達し得ない。そのように考えるのが一般的だろう。

「物事を多面的・多角的に考える」とは比喩的に言えば，思考の枠組みを強いることなく，いかなる可能性も捨象せずに考えることである（図３）。その意味では教師が思考の限界をつくることなく，批判的思考も批評的思考も許容するスタンスを貫かねばならない。

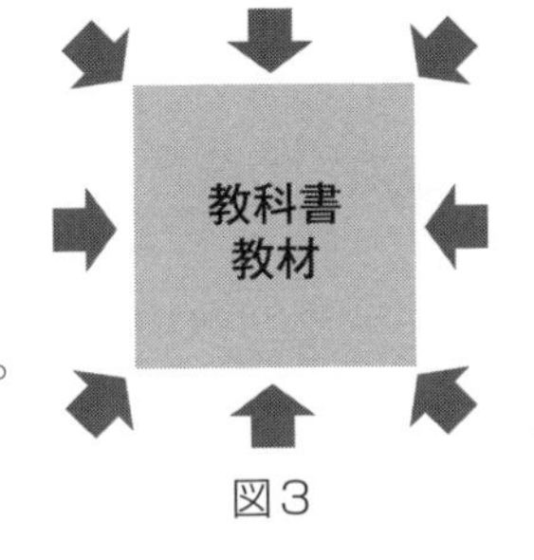

図３

しかし，子どもたちにはそれがなかなか難しい。一つには発達段階的な難しさや個人的な特性もあるだろう。だが一番大きな要因は，学校教育がすべての教育活動において思考の枠組みを限定しがちであることが大きい。子どもたちは一つの視点，或いは教師によって与えられた二つの視点程度のもので思考することに慣らされすぎているのである。そうした意味では，初期指導においては，教師が手を変え品を変えて，「多面的に考える」とはどういうことなのか，「多角的に考える」とはどういうことなのかをさまざまな活動を通して提示し続ける必要も出てくるかもしれない。

実践
6
A－(2)　正直，誠実

「手品師」ソロ

1 授業のフレームづくり

1 教材「手品師」を音読する。
2 この物語を教科書に載せた人は，この物語を通して皆さんに何を感じ，どう考えてほしいのでしょうか。
3 交流してみましょう。

「手品師」は多くの教科書がA－(2)「正直，誠実」の教材として採択している。その内容項目は「誠実に，明るい心で生活すること」である。つまり，「手品師」は「誠実さ」を描いているのであり，その結果として「明るい心」で生活することができるだろうという世界観を描いていることになる。

実はこの内容項目の系統を小学校の低学年・中学年・高学年・中学校と並べると次のようになる。

【低学年】
・うそをついたりごまかしをしたりしないで，素直に伸び伸びと生活すること。

【中学年】
・過ちは素直に改め，正直に明るい心で生活すること。

【高学年】
・誠実に，明るい心で生活すること。

【中学校】
・自律の精神を重んじ，自主的に考え，判断し，誠実に実行してその結果に責任をもつこと。

確かに「手品師」の物語は，「うそをついたりごまかしをしたりしない」(低学年）という要素があるし，「正直」さ（中学年）を奨励する要素もあるし，「自主的に考え，判断し，誠実に実行する」(中学校）という要素もある。そして何より，大劇場には二度と立てないかもしれないという「その結果に責任をもつこと」(中学校）まで描かれている。この内容項目Ａ－(2)の教材としては，よくできた物語であるのかもしれない。

2 授業の中心活動

4 「誠実度」という評価があるとします。10点満点です。
5 この「誠実度」で登場人物である手品師を評価するとしたら，その誠実度は何点だと思いますか。ズバリ数字で○点と書きましょう。
6 理由を箇条書きしてみましょう。メモ程度で構いません。
7 交流してみましょう。
※交流は４人を基本単位とする。

この物語のテーマが「誠実」であるならば，その「誠実度」という評価法を仮定して評価してみるという活動である。

8 では，これから「IF」(＝もしも）を想定して考えてみます。
9 もしも男の子の母親が父親が死んだ後に愛人をつくり，そこに入り浸っているのだとしたら……。「手品師」という物語の印象はずいぶんと変わるはずです。この場合，手品師の誠実度は変わりますか。変わりませんか。これもズバリ数字で○点と書いてください。

10 もしもこの男の子が，父親が死んで以来，母親に家庭内暴力を振るっていて，母親を苦しめ続けているとしたら……。手品師の誠実度は変わりますか。書いてください。

11 男の子が手品師と会ったのは真っ昼間。そもそもどうしてこの子は友達と遊ばないのでしょう。もしも男の子がいじめっこでみんなに嫌われていて，友達がいないのだとしたら……。手品師の誠実度は変わりますか。書いてください。

12 交流しましょう。

こうした仮定の条件を提示する仕方は，国語科教育で「外挿」と呼ばれる，テキスト外情報を挿入して思考する学習活動で出る。こうした条件で「手品師」の行動の意味を多様に考えることで，ただ読んだだけでは気づかなかった，テキストから捨象されているさまざまな要素に気がつくことができる。

この 9 ～ 11 の問いは，登場人物の少年についてであったが，次は大劇場の話をもってきてくれた「友人」に関する「IF」を連続して展開していく。

13 もしもこの友人とは幼なじみで，子どもの頃からもう30年以上の付き合いだとしたら……。手品師の誠実度は変わりますか。書いてください。

14 もしもこの友人とはほんとうに長い付き合いで，これまでにも何度も気にかけてもらい，助けてもらっていたとしたら……。手品師の誠実度は変わりますか。書いてください。

15 もしもこの友人が，ほんとうは他の候補もいたのに大劇場に頼み込んでやっと友人を出演させられるように段取りを組んでいたのだとしたら……。手品師の誠実度は変わりますか。書いてください。

16 交流しましょう。

更には「手品師」本人の「IF」である。

17 もしも手品師に妻がいて，「この人には夢があるから」と貧しさに耐えながら手品師を支えていたとしたら……。手品師の誠実度は変わりますか。書いてください。

18 もしも手品師に母がいて，幼い頃から苦労ばかりさせてきて，手品師の成功を祈り続ける毎日を送っているとしたら……。手品師の誠実度は変わりますか。書いてください。

19 もしもその母が病に伏していて，貧しくて満足な治療も受けさせてあげられていないとしたら……。手品師の誠実度は変わりますか。書いてください。

20 交流しましょう。

こうした「IF」を次々に与える度に，子どもたちによる「手品師」の誠実度が次々と変化していく。それは取りも直さず，無意識的に「誠実の条件」について吟味することを意味している。

3 授業のまとめ

最後に次のように問うて，ワークシートに記入し，交流する。

21 「誠実」とはいったい，どういうことを言うのでしょうか。

22 交流してみましょう。

子どもたちは，自分たちが考えた九つの「IF」の中から印象に残った自らの思考を振り返りながら記述することになる。交流においても，それぞれの印象に残った事柄が異なることに驚きながらも，「誠実」の捉え方が多様であることだけは共通して学ぶことになる。

ソロ授業で教材を〈加工〉する

自主開発教材による道徳授業をつくったことのない教師に見られるもう一つの悪弊は，わかりやすい授業にしたり楽しい授業にしたりするための教材加工の発想がないことである。それどころか教科書教材は加工してはいけないと主張する向きさえある。更には教材提示の仕方さえ，全文を一遍に提示する仕方以外は認めないと主張する者さえ少なくない。

しかし，長く「読み物」を教材としてきた国語科でさえ，教科書教材をリライトして提示したり，段落ごとに解体して提示して順番を入れ替えさせたり，或いは最初から一文ずつ提示して一文一文吟味していく手法（一読総合法）など，多種多様な提示の仕方が提案されてきた経緯がある。一般には「作品価値」が高いとされる文章を採択してつくられた教科書教材でさえそのような主張がなされているというのに，ほとんど作品価値のないものが多い道徳教材の加工が許されないなどということは，私にはとうてい納得できない。

別に教科書教材を改変して提示しようと言うのではない。全文を読んだうえで子どもたちが考えやすいように一部を取り上げたり，子どもたちの日常に沿うように大胆にリライトしたりということは許されて然るべきである。そもそもそうした営みこそを一般には読み物教材における「授業の工夫」と呼ぶのであり，「教材開発」と呼ぶのではないのか。

そもそも道徳教科書自体がずいぶんと文学作品を改変，或いは原文をリライトしたものが多い。斎藤隆介の「花さき山」などあまりにも原典を改変しすぎていて，国語教師の私などは「作品に対する冒涜ではないのか」と憤りを感じるほどである。教科書会社によって掲載されている文章が異なる「ブラッドレーの請求書」と「お母さんの請求書」とを比較してみると，読む者の世界観が変わるほどに描写の違いが見られる。道徳教科書が教科書編集の都合を何より優先し，作品や文章自体がもともともっている魅力や思想を尊重せずにつくられていることを証明して余りある。その点，国語教科書を長く編集してきた光村教科書と教育出版教科書には，そうした傾向があまり見られない。

もちろん道徳教科書づくりには道徳教科書づくりの思想・哲学があるのだろうから，国語教科書を基準にすることが必ずしも正しいわけではなかろう。しかしながら，そうした教科書教材を掲載しておいて，その教科書の本文だけは尊重しろという論理は通じまい。

ここでは，インターネット上の質問コーナーを模して大胆に教材加工を施すことによって，子どもたちに思考のしやすさを保障した実践事例を取り上げたい。

実践 7 B－(9) 相互理解，寛容

「ブランコ乗りとピエロ」ソロ

1 授業のフレームづくり

1 ある日，インターネット上の質問コーナーにこんな二つの相談が寄せられました。※二つの相談を提示する（以下参照）。
2 あなたなら二つの相談になんと答えますか。
3 交流しましょう。
4 「ブランコ乗りとピエロ」を読みましょう。

【相談１】職場の上司の嫉妬が……
　半年ほど前に転職しました。業界は同じでヘッドハンティングです。自分の実力が認められたのだと嬉しく思い転職しましたが，新しい職場の人たちの嫉妬がすごいのです。特に職場をとりまとめる上司の嫉妬が我慢できません。職種はサービス業なのですが，私は間違いなく職場で一番お客様を喜ばすことができます。上司は私が来るまではお客様受けが一番だったようなのですが，正直，その実力は私にはとうてい及びません。私は純粋にお客様に楽しんでいただこうと頑張っているのですが，上司はやれ協力だの，やれチームワークだのと私が中心になるのを邪魔しようとします。もう一度転職すべきでしょうか。私の実力をちゃんと認めてくれる職場を探すべきなのでしょうか。

【相談２】部下の自己チューが我慢なりません

　私はあるエンタメ系の職場のとりまとめをしています。最近，部下のわがままに悩んでいるのでご相談です。部下は確かに実力はあるのですが，あまりにもスター気取りが過ぎ，自分はスターだから特別なのだという態度をとったり，平気で他人の持ち時間を奪ったりします。この間などは大切なお客様をお招きした公演で私の持ち時間まで演技し続け，私はそのお客様の前で演技することができませんでした。私もその大切な大切なお客様の前で力いっぱいの演技をお見せしたかったのですが，それがかないませんでした。私はこの職場のとりまとめを任されている以上，この部下をまきこんで公演を盛り上げたいと思うのですが，彼のわがままは尋常でなく，もう無理だな，辞めてもらうしかないな，と思い始めています。

　この二つの相談に対する答えを考えてから「ブランコ乗りとピエロ」を読むと，子どもたちから笑いが起こる。「なるほど，そういうことか」と納得する。

5 先生が物語に沿って，それぞれの「ベストアンサー」を考えてみました。いかがでしょうか。

【相談1】の「ベストアンサーに選ばれた回答」は以下である。

　あなたにほんとうに実力があるのなら，これまでの在り方を貫くのが一番良いのではないでしょうか。あなたが一生懸命に取り組んでいれば，周りの人たちはもちろん，あなたにつらく当たる上司の人もわかってくれる日が必ず来ると思います。そういうものだと思います。

また，これに対する「質問した人からのコメント」もつくった。

　回答ありがとうございました。もう少しこのまま頑張ってみようと思えました。

また，【相談2】については，次のように提示した。

【ベストアンサーに選ばれた回答】
　あなたは職場のとりまとめを担っています。部下がわがままな態度を示すのも，すべてとは言いませんが，あなたの責任でもあるのではないでしょうか。その部下の方がなぜそういう態度を取るのか，あなたはよく観察してみましたか？　その方をよく理解すれば状況は打開できるものです。そしてそれが上司の役割，リーダーの役割なのではないでしょうか。
【質問した人からのコメント】
　ありがとうございます！　彼を理解しようと努めたらすべてが好転しました。ほんとうにありがとうございます！

職場の上司の嫉妬が…

シェア　ツイート　B! はてブ

bra***さん

2019/02/02 11:19:03

半年ほど前に転職しました。業界は同じでヘッドハンティングです。自分の実力が認められたのだと嬉しく思い転職しましたが、新しい職場の人たちの嫉妬がすごいのです。特に職場をとりまとめる上司の嫉妬が我慢できません。
職種はサービス業なのですが、私は間違いなく職場で一番お客様を喜ばすことができます。上司は私が来るまではお客様受けが一番だったようなのですが、正直、その実力は私にはとうてい及びません。私は純粋にお客様に楽しんでいただこうと頑張っているのですが、上司はやれ協力だの、やれチームワークだのと私が中心になるのを邪魔しようとします。
もう一度転職すべきでしょうか。私の実力をちゃんと認めてくれる職場を探すべきなのでしょうか。

ベストアンサーに選ばれた回答

swi**さん

あなたにほんとうに実力があるのなら、これまでの在り方を貫くのが一番良いのではないでしょうか。あなたが一生懸命に取り組んでいれば、周りの人たちはもちろん、あなたにつらく当たる上司の人もわかってくれる日が必ず来ると思います。そういうものだと思います。

質問した人からのコメント

回答ありがとうございました。もう少しこのまま頑張ってみようと思えました。

【相談１】授業で使ったスライド

部下の自己チューが我慢なりません

シェア　ツイート　B! はてブ

pie********さん

2019/02/02 11:21:46

私はあるエンタメ系の職場のとりまとめをしています。最近、部下のわがままに悩んでいるのでご相談です。部下は確かに実力はあるのですが、あまりにもスター気取りが過ぎ、自分はスターだから特別なのだという態度をとったり、平気で他人の持ち時間を奪ったりします。この間などは大切なお客様をお招きした公演で私の持ち時間まで演技し続け、私はそのお客様の前で演技することができませんでした。私もその大切な大切なお客様の前で力いっぱいの演技をお見せしたかったのですが、それがかないませんでした。
私はこの職場のとりまとめを任されている以上、この部下をまきこんで公演を盛り上げたいと思うのですが、彼のわがままは尋常でなく、もう無理だな、辞めてもらうしかないな、と思い始めています。

ベストアンサーに選ばれた回答

clo**さん

あなたは職場のとりまとめを担っています。部下がわがままな態度を示すのも、すべてとは言いませんが、あなたの責任でもあるのではないでしょうか。その部下の方がなぜそういう態度を取るのか、あなたはよく観察してみましたか？その方をよく理解すれば状況は打開できるものです。そしてそれが上司の役割、リーダーの役割なのではないでしょうか。

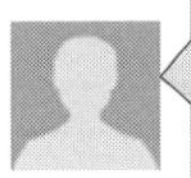

質問した人からのコメント

ありがとうございます！彼を理解しようと努めたらすべてが好転しました。ほんとうにありがとうござます！

【相談２】授業で使ったスライド

教材「ブランコ乗りとピエロ」は要するにこういう話である。その結果，次のように物語は完結する。

そう言うと，ピエロはサムに手を差し出した。サムはゆっくりその手を取り，二人は固くあくしゅをかわした。その夜のひかえ室には，サムとピエロの声がいつまでも聞こえていた。

都でのサーカスも，最終日をむかえた。
ブランコ乗りが空中をまう。その中に加わったピエロが，こっけいなしぐさをして，わざと落下する。そのピエロをブランコに乗ったサムがすくい上げ，二人でかれいにわざを決める。観客から大きな笑いとはくしゅ。サーカスは大成功で幕を閉じた。すべてを終えたひかえ室は，団員たちの明るい笑い声に包まれていた。　（永井裕「ブランコ乗りとピエロ」）

めでたしめでたしというわけだ。

2 授業の中心活動

6 ところが，数日後のことです。質問コーナーにこんな新たな相談が寄せられたのです。
7 「ベストアンサーに選ばれた回答」や「ベストアンサー以外の回答」もかなり過激です。

新たな相談の内容は以下である。

【相談3】やってらんないよな！
職場に自己チューの上司がいます。口では協力と言いながら，自分だけが目立とうとします。半年ほど前，その上司以上に目立とうとする新入りが入ってきて，大きなトラブルがありました。上司もずいぶんと手を焼いたようですが，結局，上司は新入りのわがままを理解して二人は仲直りをしました。それで二人は「コラボだ！」とか言って，二人だけで目立つようになりました。私らはなんにも変わっていません。蚊帳の外です。結局，上司と新入りは似たもの同士だからけんかしてたんです。私ら弱いものなんて眼中になく，結局二人だけでコラボ。まあ，新入りは若いから仕方ないとして，責任ある立場の上司がこんなんじゃ私らの意欲も削がれます。なんとかならんのでしょうか，あの上司……。

「ベストアンサーに選ばれた回答」「ベストアンサー以外の回答」として提示したのは以下の二つである。

【ベストアンサーに選ばれた回答】
　あるある。いるよね。そういう上司。自己チューのくせに自己チューだとわかってないエゴイスト。リーダーの資質ゼロ。結局，そのトラブルにしか目が向かない。しかも自分に関係あることだけしか見えてないから，そのトラブルだけに集中しちゃう。ストライキでも起こしたら？
【ベストアンサー以外の回答】
　きっとその上司は広い心でその新入りを受け止めて，大きな対立を自分が謙虚になることで解決できたとかって自己満足してんのよね。職場は上司と新入りの二人だけじゃないのに。それにしてもその二人だけのコラボはひどいわあ。いくらでも手立てはあるでしょうに。

子どもたちは予想外の展開に驚きを隠せない。しかししばらく経つと，考えてみるとあり得ることだと感じ始める。

やってらんないよな！

シェア　ツイート　B! はてブ

sha***さん

2019/02/02 11:25:22

職場に自己チューの上司がいます。口では協力と言いながら、自分だけが目立とうとします。半年ほど前、その上司以上に目立とうとする新入りが入ってきて、大きなトラブルがありました。上司もずいぶんと手を焼いたようですが、結局、上司は新入りのわがままを理解して二人は仲直りをしました。それで二人は「コラボだ！」とか言って、二人だけで目立つようになりました。私らはなんにも変わっていません。蚊帳の外です。
結局、上司と新入りは似たもの同士だからけんかしてたんです。私ら弱いものなんて眼中になく、結局二人だけでコラボ。
まあ、新入りは若いから仕方ないとして、責任ある立場の上司がこんなんじゃ私らの意欲も削がれます。なんとかならんのでしょうか、あの上司……。

ベストアンサーに選ばれた回答

cir***さん

あるある。いるよね。そういう上司。自己チューのくせに自己チューだとわかってないエゴイスト。リーダーの資質ゼロ。結局、そのトラブルにしか目が向かない。しかも自分に関係あることだけしか見えてないから、そのトラブルだけに集中しちゃう。ストライキでも起こしたら？

ベストアンサー以外の回答

きっとその上司は広い心でその新入りを受け止めて、大きな対立を自分が謙虚になることで解決できたとかって自己満足してんのよね。職場は上司と新入りの二人だけじゃないのに。それにしてもその二人だけのコラボはひどいわあ。いくらでも手立てはあるでしょうに。

【相談３】授業で使ったスライド

8 さて，ピエロはどうすればよかったのでしょうか。アイディアを考えてみましょう。

9 交流しましょう。

「縦のコラボ」で教材を読む観点を与える

1　コラボ教材を持ち込む

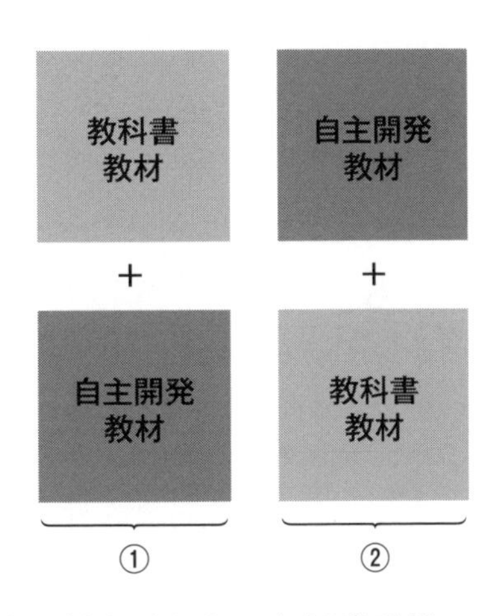

「縦のコラボ」とは前述した通り，①教科書教材を読んだうえで，それと内容的に関連する自主教材を扱う授業形態，または②自主教材を扱ったうえで教科書教材を読んでいく授業形態を指す。どちらの場合も「縦のコラボ」ではあるが，①のパターンは教科書教材で思考する観点を学び，本格的に考えるのは自主開発教材でとなるので，教科書教材の授業としては②のパターンで考えるのが一般的だろう。つまり，自主開発教材で「授業のフレームづくり」を施し，そのフレームで教科書教材を読むという授業形態である。

前章の「道徳授業を〈コラボ〉でつくる」(p.92) で述べたように，道徳は「教材を教える」教科ではなく，「教材で教える」タイプの教科である。その意味で，内容項目の指導が機能するのであれば，コラボ教材を用意することは効果が高い。遠慮することなく自主開発教材をセットで教室に持ち込むべきだと私は考えている。

2　二つの教材の質にバランスを取る

しかし，教科書教材とコラボさせる自主教材の質には留意しなければならない。いくら同じ内容項目の指導として機能する自主教材が用意できたとしても，コラボする自主教材が教科書教材と比べてあまりに重厚であったり，あまりに軽薄であったりするのは避けた方がいい。一般論として，例えば，不注意から相手に怪我をさせてしまったという教科書教材とコラボする自主教材として，不注意から相手を死なせてしまったという教材を持ち込むのは反則である。それでは教科書教材の内容が軽くなってしまい，教科書教材が機能しなくなる。

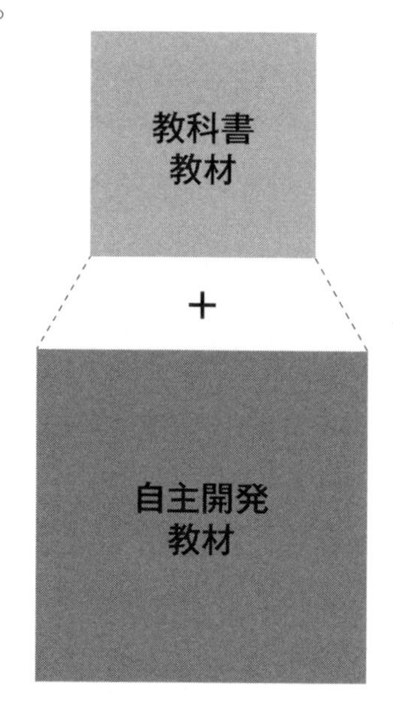

①のパターン，即ち教科書教材を扱った後に自主教材を扱うというパターンであれば，前半より後半が重厚になることを意味し機能するようにも思えるが，それならば最初からその重厚な自主開発教材を用いてオリジナル授業を開発すればいいのであり，教科書教材をダシに使うことになってしまう。それは教科書教材の授業とは言えないだろう。少なくとも①のパターンの授業では，一部の例外を除いては，教科書教材に比してあまりに重厚な教材は避けるべきである。

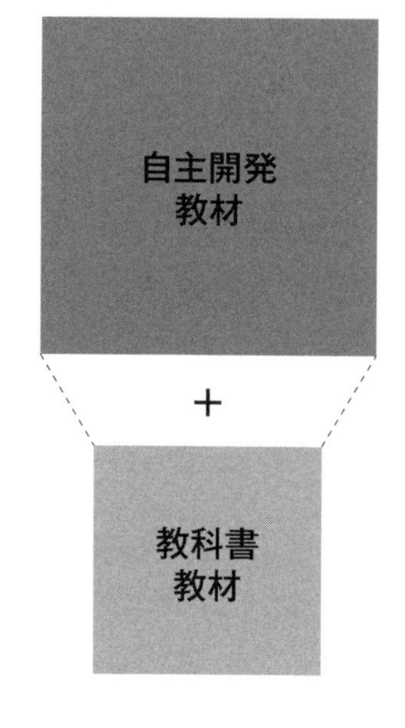

ただし，内容項目Ｃ－⒃「郷土の伝統と文化の尊重，郷土を愛する態度」（中学校）だけは，例外として自主開発教材が教科書教材よりも重厚であることがあり得る。この内容項目についてはそれぞれの教科書会社がさまざまな地域の素材を教材として取り上げる工夫をしているが，やはり自分の郷土を題材としたものを主教材とするのがふさわしいと言えるだろう。教科書教材には授業のフレームづくりで簡単に触れる程度にとどめ，中心的な活動には地元の素材を用いた教材を開発するのが常道である。

一方，②のパターン，即ち自主開発教材で「授業のフレーム」をつくり，そのフレームにもとづいて教科書教材を読むという授業であれば，自主教材が適度に重厚さや深刻さをもっていることは効果的である場合が多い。子どもたちの中でズシーンと響いたフレームであればこそ，教科書教材を読む場合にも的確に機能するという場合が多いからだ。教科書教材の内容を批評的に吟味させたり，批判的に捉えさせたりしたい場合には，「フレームづくり」の自主教材の重厚さ，深刻さは必要条件にさえなる場合がある。

いずれにしても，「縦のコラボ」における自主開発教材は，①のパターンにしても②のパターンにしても，その質に大きく配慮しなければならないと言える。

実践
8
B－(9) 相互理解，寛容

「ブランコ乗りとピエロ」縦のコラボ

●映画『オーシャンズ11』
（スティーブン・ソダーバーグ監督／2001年／アメリカ）

1 授業のフレームづくり

『オーシャンズ11』という映画を御存知だろうか。スティーブン・ソダーバーグ監督の2001年のアメリカ映画である。ジョージ・クルーニー主演。ブラッド・ピット，マット・デイモン，アンディ・ガルシア，ジュリア・ロバーツ。大スターがきら星のごとく出演している。当時は日本でもかなりのヒット作だったから，御覧になられた方も少なくないと思う。最近では宝塚歌劇団のミュージカルとしても上演されているようだ。

ストーリーは単純である。ジョージ・クルーニー演ずる大泥棒が，ブラッド・ピットやマット・デイモンといった仲間たちと一緒に，アンディ・ガルシアの経営するカジノの地下金庫から現金を強奪しようとする物語である。アンディ・ガルシアの恋人であり，かつてジョージ・クルーニーの恋人でもあったという役柄でジュリア・ロバーツが花を添える。そんな映画だ。

予告編は次のような台詞で始まる。

> 史上最大の，犯罪計画がある。
> 各分野の，ベストのプロを用意しろ。
> 何人必要だ？
> 11人。

ジョージ・クルーニーはアンディ・ガルシアの地下金庫に侵入し，現金（それも１億6,000万ドルという巨額）を強奪するにあたり，自分を含めて11

人の仲間を集める。それも各分野のプロである。子どもたちにもこの11人を一人一人紹介していくことで授業が進む。以下，人名は役名ではなく，俳優の名前である。

ジョージ・クルーニー／大泥棒・詐欺師

盗みの計画を立てたり大規模な詐欺を働いたりといった頭の良い泥棒であり詐欺師である。映画の主人公であり，今回の計画の首謀者でもある。

ブラッド・ピット／詐欺師・話術

ジョージ・クルーニーが最初に声をかけたのがブラッド・ピットである。巧みな話術でケチな詐欺を働く詐欺師に過ぎないのだが，今回の計画ではカジノへの侵入をはじめ，さまざまな場面で話術が必要とされる。その意味でブラッド・ピットの能力が必要だったわけである。

マット・デイモン／スリ師・黄金の指

「黄金の指」をもつとされる若手スリ師である。メンタル的に少し弱いところはあるが，計画には鍵をスってコピーを終えたら気づかれずに戻すといった必要があり，彼の「黄金の指」が計画に不可欠なのである。

バーニー・マック／カジノのディーラー

計画を成功させるにはカジノに侵入して情報を集める役割を担う人物が必要である。そのためにはカジノに雇ってもらえるくらいの優秀なディーラーが必要である。

ドン・チードル／爆発物・兵器の専門家

地下金庫を開けるには爆発物が必要である。それも兵器として使用するようなレベルの爆発物がである。

ケイシー・アフレック／ラジコン・変装

さまざまな下調べにも実際の強奪にもカメラを積んだラジコンが必要である。また，潜入には変装技術が必要である。

スコット・カーン／潜入・変装

情報収集には潜入技術と変装技術が欠かせない。また，実際に強奪する場面でも潜入技術は必要不可欠である。

シャオボー・チン／曲芸師・運動神経

地下金庫はレーザーを使ったセキュリティが施されており，床を歩いた途端に警報が鳴る。セキュリティをロックするまでは床を歩くことなく，空中での作業が必要である。そこで曲芸師の運動神経が必要となる。

エディ・ジェイミソン／電気・通信の専門家

強奪当日にはすべての防犯カメラをチェックして，全体を俯瞰しながら臨機応変に動かなければならない。防犯カメラの位置を確認するにも，防犯カメラ映像を傍受するにも，電気・通信の専門家が必要である。

エリオット・グールド／実業家・資産家

大規模な強奪計画を行うためには初期投資が必要であり準備資金が必要である。資産をもつ者は必ず必要となる。

カール・ライナー／かつての天才詐欺師

既に老齢であり，具体的には何かができるわけではない。しかし，いまなお多くの泥棒・詐欺師たちの尊敬を集めている。その意味で，「この人がいるのだから間違いない」という意識を皆に与えられる。精神的支柱としての役割を担う。こうした発想があることもこの映画の秀逸なところである。

以上を紹介した後，次のように語る。

ジョージ・クルーニーは自分にできないことをできる人間を集めて11人のチームをつくったのであり，これは「協働」の理想である。それぞれの得意技をコラボさせせることによって目的を成功に導いた。いわば「プロデューサー」の役割を果たしたのである。

2 授業の中心活動

さて，ピエロはどうでしょうか。

都でのサーカスも，最終日をむかえた。
ブランコ乗りが空中をまう。その中に加わったピエロが，こっけいなしぐさをして，わざと落下する。そのピエロをブランコに乗ったサムがすくい上げ，二人でかれいにわざを決める。観客から大きな笑いとはくしゅ。サーカスは大成功で幕を閉じた。すべてを終えたひかえ室は，団員たちの明るい笑い声に包まれていた。（永井裕「ブランコ乗りとピエロ」）

ピエロは他の団員がいるにもかかわらず，ブランコ乗りとのコラボレーションのみにしか目が向いていない。『オーシャンズ11』との違いは明らかである。

1 さて，ピエロはどうすればよかったのでしょうか。アイディアを考えてみましょう。
2 交流しましょう。

実践 9 A－(2) 正直，誠実

「手品師」縦のコラボ

●テレビ番組「M－１アナザーストーリー」
（テレビ朝日／2018年12月27日放送）

1 授業のフレームづくり

Ｍ－１グランプリの優勝者の写真を次々に見せる。優勝が決まった瞬間の表情である（ネット上にたくさんあるので探す手間はほとんどいらない）。

【芸人】
芸を磨くことを何より優先し，多くの観客を喜ばせるため，売れるため，成功するために邁進する。

2018年の勝者は霜降り明星だった。

勝者の裏には必ず敗れた者たちがいて，それぞれの想いを抱いている。

この番組では，「ジャルジャル」「和牛」「かまいたち」の三組が敗者の中心的なコンビとして描かれていた。どのコンビも事前には優勝候補と目されていたからである。

ジャルジャルは2017年大会まで決勝進出の常連であったが，なかなか決勝で上位に進出できなかった。それはいつも審査員である中川家・礼二の採点が厳しかったからである。礼二は他のコンビに高得点をつけた場合でもいつもジャルジャルに対しては80点台。コント出身のジャルジャルの漫才が，漫才全体としての大きな展開をもたず，ディテールの小さな笑いの積み重ねのみでネタが構成されていることに，礼二は自らの漫才観との齟齬を抱いていたのである。

番組ではその漫才観と齟齬を来す自覚のあるジャルジャルが長年，ときに涙するほどに悩みながらも自分たちの漫才の在り方を変えることなく突き進む姿が描かれている。

和牛はＭ－１決勝に初めて進出して以来，一度も途切れることなく決勝進出を果たしている。特に2016年・2017年と２年連続で準優勝という結果を残していた。それは誇らしい結果でありながらも，２年連続で優勝に一歩届かなかったというあまりにも悔しく，それでいてどこか虚しさの残る結果でもあった。2017年の決勝終了後，控え室に残る二人が呆然として落ち込んでいる姿は印象的である。「獲れないなあ……。うん。獲れない……」とつぶやく川西賢志郎の表情は哀愁を誘うとともに，芸人の性（さが）を感じさせた。

2018年の結果はまたも準優勝。「来年もまたもっとおもしろいネタつくって頑張ります」と水田信二が決意を新たにする。

かまいたちはキングオブコントの優勝経験をもつ。それでもそれに慢心することなく，Ｍ－１の優勝を狙う。濱家隆一が「Ｍ－１は特別ですよ」と語る。高校３年生のときにＭ－１が始まって衝撃を受けたこと，その後自分が芸人になってＭ－１優勝だけを目指して邁進してきたこと，Ｍ－１の優勝こそが自分たちが一番おもしろいということが認められることを意味すると想いを吐露する。

山内健司は「残念ですね」「悔しいですね」と肩を落とす。いいネタができて今年は自分なりに自信があったと。もともと今年で最後にしようと覚悟をもって臨んだＭ－１であったと。これからまたいろいろ考えてみるとつぶやいて帰路に就く。

一方，勝者には勝者の強い想いがあった。

霜降り明星のせいやは，事前のインタビューで「Ｍ－１ラストイヤーの15年目の人たちと同じ土俵で闘ったら絶対に負ける。漫才の上手さを追うのではなく，別の競技のつもりで行くしかない」と決意を語る。高校時代に父親を亡くしている粗品はその後母親に心配ばかりかけてきたことを負い目に感じている。優勝して母を安心させることが自分が納得して芸人を続けていく唯一の道と感じていることを切々と語る。2017年の決勝に進めなかった二人の落ち込む様子，2018年の決勝進出が決まった瞬間の嬉しさに号泣する二人。
優勝後に粗品が母親に電話した折り，急に泣き出し，「母ちゃんが立派な息子だと言ってくれた」と号泣する姿は涙なくして見ることができない。
今回取り上げた「Ｍ－１アナザーストーリー」はこんな番組である。芸人の性……。敗者には敗者の想いがあり，勝者にも勝者なりの強い想いがある。それをストレートに感じさせる番組だった。

2 授業の中心活動

1 こうした芸人たちが子どもとの約束を守るために，チャンスを棒に振るなどということが考えられるでしょうか。
2 「手品師」は「芸人」というものを，或いは「職業」というものをなめてはいないでしょうか。

こうした問いについて考えることで，「手品師」の世界を広げ深めていくことをねらっていく。誠実さには「子どもに対する誠実さ」とともに「職業に対する誠実さ」「芸に対する誠実さ」といった観点があるはずである。

「横のコラボ」でALを機能させる

1　AL課題の四条件を意識する

「横のコラボ」とは，教科書教材ともう一つ自主開発教材を並べ，両者を比較・対比しながら進む授業形態である。教科書教材ともう一つの自主開発教材とを比較・対照することによって問いを生成し，その問いについて話し合うことによって，内容項目の価値に迫ろうとする授業と考えていただければいいと思う。教科書教材と並べる自主教材は「対比的な教材」「類比的な教材」のどちらでもいいが，教科書教材に比してあまりにも重厚，あまりにも軽薄といった教材はNGである。二つの教材はバランスの取れたものがいい。

教科書 教材	＋	自主開発 教材

「横のコラボ」はアクティブ・ラーニング（以下「AL」）を想定した授業アイディアである。時代の趨勢に倣って，二つの教材を比較・対照しながら問いを生成し，授業の後半時間のすべてを使ってその問いについて小集団で交流したり議論したりする，そうした授業を想定している。

もちろん，「ソロ」や「縦のコラボ」でもALを成立させることは不可能ではない。しかし，二つの教材が横並びになっていると，そこには明確な対立点や明確な類似点を見つけたり，或いは共通点・相違点の双方を探したりといった学習活動が成立しやすい。その意味で，「横のコラボ」は私の想定する教科書教材の道徳授業の最高峰であると言える。

これもさまざまなところで述べていることの繰り返しになるが，私はALが成立する課題の条件を以下の四つと考えている。

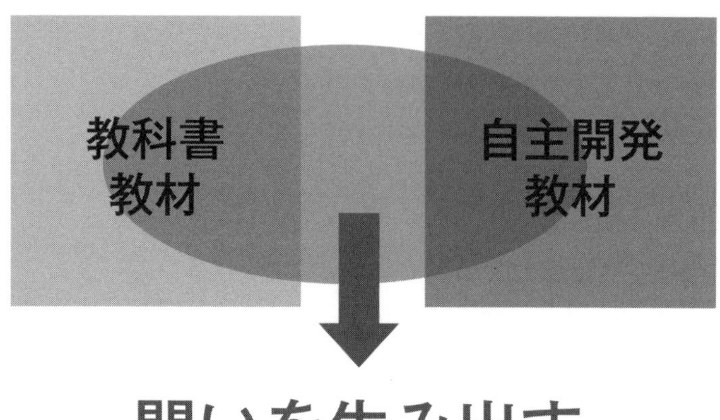

問いを生み出す

① 答えのない課題
② 複数で交流することにこそ価値をもつ課題
③ 子どもの将来に必要とされる課題
④ 一回性を実感させる課題

二つの教材を比較・対照することで，この四つの条件を満たした課題を成立させるには，二つの教材のバランスが取れていることに加えて，二つの教材が対比的なものであるにしても類比的なものであるにしても「世界の本質に届く」ようなレベルの問題意識を生成させるような関係性をもつ必要がある。

詳細は拙著『アクティブ・ラーニングの条件』（小学館，2019年）『よくわかる学校現場の教育心理学　AL 時代を切り拓く10講』（明治図書，2017年）の二冊をご参照いただければ幸いである。

2 答えのない課題を設定する

AL は経済界主導で，いわゆる「即戦力」の社会人を教育界が育てるべきだとの要求から発祥してきた経緯がある。また，教育行政には国際社会に通用する人材を育成するため，研究大学を指定し，ALの導入によって創造性豊かなエリートを育てたいとの意図が見え隠れする。これらの導入の経緯から，ALは中等高等教育のものであるとか，ALはエリート教育に過ぎないので公立の小中学校には馴染まないとの議論もあるようだ。

しかし，ALはいわゆるキー・コンピテンシー（資質・能力を総合的に高める）の教育であり，公立小中学校にいるたくさんの子どもたち，要するに言葉は悪いが「非エリートの子どもたち」にも決して不要な教育思想ではない。

目まぐるしく移り変わる社会を生き抜いていかなければならない子どもたちに対して，私たち教師が答えの定まった，知識中心の従来の教育観にとどまっていたのでは，子どもたちの将来に「見えない壁」をつくることになりかねない。従来の教育観による教育は，数多の知識を与えるだけでなく，教師は意識せぬままに「どこかに最良の答えがあるはずだ」「最適解を見つけることが問題解決だ」という狭い世界観を形成してしまう。

あなたの学校の職員室を見回してみよう。あまり良い言い方ではないが，年配の教師ほど自分の価値観のみに縛られた狭い世界観で子どもたちを評価しているのではないだろうか。そしてそれは，自分の世界観を最良であり最適であるとする知識中心の学力観，教育観が形成してきたものなのである。だからこそ，年配教師ほど新しい教育改革に対応できない傾向をもつのだ（もちろん，すべての年配教師がそうだというわけではなく，あくまでも「傾向」である）。ALは最適解を「見つける」教育から，自ら納得できる最適解を自分で「つくる」教育への転換と言える。そのためには，どこかに最適解のある課題ではなく，答えのない課題，自ら最適解をつくるための課題を，私たちが日常の授業に大胆に導入しなければならないのだ，ということなのである。

しかも「答えのない課題」は道徳授業が必然的にもつテーゼである。これからの道徳の授業づくりではこのテーゼをしっかりと意識する必要がある。

3　複数で交流することにこそ価値をもつ課題を設定する

ALは「自分一人で考えた見解よりも，複数で交流することによって高次の見解が得られた」という経験を積み重ねること，それ自体に意義がある。将来，他人の意見を謙虚に受け入れる姿勢，他人の力を借りて自らを高めていく姿勢，自分が困ったときに他人にヘルプを出せる姿勢といった，総じて「他者とつながる姿勢」を子どもたちが身につけるには，AL型授業の課題にもこうした視点が不可欠なのだ，ということである。

4　子どもの将来に必要とされる課題を設定する

例えば，子どもたちが原発問題について考えることなく，将来を生きていくことは可能だろうか。例えば，子どもたちが我が国の安全保障問題について考えることなく生きることが可能だろうか。いや，こうした社会問題だけではない。恋愛や結婚について，老人介護について，仕事のやり甲斐について，出世競争について，他人の人生にどこまで介入していいのかについて……これらを考えることなく生きていくことが可能だろうか。これらはエリート・非エリートに関係なく，誰もが一度は真剣に悩み，その後，意識するしないはあるにしても人生を賭けて追究していくことになる課題なのではないか。

どれもこれも自分の外に最適解などなく，結局は自分で自分なりの最適解をつくるしかない，自分自身で納得できる判断をするしかない，そうした課題として人生に立ち現れてくる，そういう課題である。そして大切なのは，こうした人生必須の課題とでも言うべきものが，実は学校教育でほとんど扱われていないということなのだ。私は私たち教師がこうした人生の課題とでも言うべきものに対して，子どもたちに「構え」をつくっておく，そうした責任を負っているのだと考えている。道徳授業におけるALには，こうした課題に触れさせる，それもこれは人生を通して囚われ続ける答えのない課題であり，最適解は他人の意見を参考にしながら自分でつくるしかない課題なのだということを「構え」として形成していく，そうした特性があると考えている。

5 一回性を実感させる課題を設定する

多くのAL型活動形態は4人を基本単位としている。また，成熟した活動形態，完成した活動形態ほどメンバーを頻繁に入れ替えることで知られている（例えば「ジグソー」や「ワールド・カフェ」など）。これらはある小集団が他ならぬそのメンバーだからこその一回性の議論であることをよく踏まえた活動形態であるということが言える。もし一人でもメンバーが入れ替わればまったく異なった議論になるし，仮に同じメンバーだったとしても一ヶ月後に交流すればまったく違う議論が展開される。

すべての交流，すべての議論は大袈裟に言えば歴史性を帯びており，必ず一回性の機能をもっている。だからこそ，同じ課題で交流・議論するにしても，メンバーを入れ替えて複数回交流・議論することが奨励されるのであり，同じメンバーの議論でも時間を隔てて複数回行うことが奨励されるのである。

「対話」は生き物である。メンバーが変わればまったく異なった「対話」が形成される。また，人は日々学び，日々成長するから，同じメンバーでも時を隔てればまるで違う「対話」が現出する。このことを教師が深く認識しなければならない。そしてこうした授業を具現化していく最も大きな可能性がいま，道徳科の授業にあるのだと私は考えている。AL課題の条件として，最後にこのことを強調しておきたい。

では，以下に「手品師」と「ブランコ乗りとピエロ」を題材とした，「横のコラボ」の授業を紹介したい。

実践
10　A－(2)　正直，誠実

「手品師」横のコラボ

●「元手品師」（自作）

1 授業のフレームづくり

1 これから「手品師」と「元手品師」という二つの文章を配付します。まずは両方の文章を読み比べてください。

こう言って，二つの文章を配付する。私は上段に「手品師」を，下段に「元手品師」をというように構成して配付している（Ａ４判２枚）。ここでは以下に「元手品師」のみを挙げる。

元手品師

あるところに，手品師になりたいというかつての夢を捨てた男がいました。それでも手品の世界からはなれられず，マジックショーのプロモーションの会社で一生懸命に働いていました。「ぼくの果たせなかった夢を，多くの手品師にかなえてほしいなあ。」

いつも，そう思うのですが，いまのかれは会社ではまだまだ下っぱです。友人にうでのいい手品師がいても，大劇場に立たせることができませんでした。

ある日のこと，元手品師が会社に行きますと，社長が頭を抱えて机にふしていました。「どうしたんですか。」

元手品師は，思わず声をかけました。

社長はほんとうに困った顔で，売れっ子の手品師が病気になってあした手術することになった，あれほどのうでをもつ手品師の代わりはいない，ステージに穴をあけるわけにはいかないし，ほんとうに困っているのだと答えました。

「それはたいへんだ。そうだ。私の友人に一人，とてもうでのいい手品師がいます。あまり売れていませんが，ほんとうにうでは確かです。」と言って，まかせてくださいとばかりに胸をはりました。

社長の顔は，明るさを取りもどし，すっかり元気になりました。

「それでは，連絡してくれたまえ。」

社長は，細い目を見開いて言いました。

「おまかせください。」

元手品師が答えました。

「きっとだね。きっと来てくれるね。」

「大丈夫です。ほんとうにうでがいいんですから。」

あの友人ならまちがいない。きっと彼も喜んでくれる。元手品師は，そんな気持ちでした。

その日の夜，少しはなれた小さな町に住む，仲のよい友人の手品師に，元手品師は電話をしました。

「おい，いい話があるんだ。今夜，すぐにそっちをたって，ぼくの家に来い。」

「いったい，急に，どうしたというんだ。」

「どうしたもこうしたもない。大劇場に出られるチャンスだぞ。」

「えっ，大劇場に。」

「そうとも。二度とないチャンスだ。これをのがしたら，もうチャンスは来ないかもしれないぞ。」

「もう少し，くわしく話してくれないか。」

元手品師は事の次第をくわしく話しました。

「そこで，ぼくは，君をすいせんしたというわけさ。」
元手品師の頭の中では，大劇場のはなやかなステージにスポットライトを浴びて立つ友人の姿と，社長と自分が満面の笑顔で抱き合う姿が，かわるがわるうかんできました。
「あのう，一日延ばすわけにはいかないのかい。」
「それはだめだ。手術はあしたなんだ。あしたのステージに，穴をあけるわけにはいかない。」
「そうか……。」
あのうでなら，かれはかならず売れっ子になる。そしてぼくらは，さらに友情を深めていくんだ。
元手品師は，もう，すっかり決めこんでいました。
「いいね。そっちを今夜たてば，あしたの朝にはこっちに着く。待ってるよ。」
友人の夢をかなえたい。ぼくは果たせなかったけれど，友人のうではぼくなんかよりずっとよかった。かれの手品は多くの人たちに夢を与えられる。
しかし，そのとき，耳には友人のきっぱりとした声が聞こえました。
「せっかくだけど，あしたは行けない。」
「えっ，どうしてだ。君が，ずっと待ち望んでいた大劇場に出られるというのだ。これをきっかけに君の力が認められれば，手品師として売れっ子になれるんだぞ。」
「ぼくには，あした，約束したことがあるんだ。」
元手品師はぼうぜんとしました。
大劇場に出ることよりもたいせつな約束……。
「そんなにたいせつな約束なのか。」
「そうだ。ぼくにとってはたいせつな約束なんだ。せっかくの君の友情に対して，すまないと思うが……。」
「君がそんなに言うなら，きっとたいせつな約束なんだろう。じゃ，残念だが……。また，会おう。」
　翌日，小さな会社の一室で，困った顔の社長の前で，肩を落とし，涙を流しながらあやまり続ける元手品師の姿がありました。

フレームづくりとしての問いは二つである。

2 「手品師」と「元手品師」。失ったものはどちらが大きいでしょうか。本文に線を引きながら考えてみましょう。

3 手品師は「せっかくだけど，あしたは行けない。」「ぼくには，あした，約束したことがあるんだ。」と言い，元手品師は「君がそんなに言うなら，きっとたいせつな約束なんだろう。じゃ，残念だが……。また，会おう。」と言います。二人はなぜ，事の経緯を相手に説明したり相談したりしないのでしょう。

2 授業の中心活動

4 友人に対して「誠実」であるとはどういうことなのでしょうか。交流しましょう。

実践 11 B－(9) 相互理解，寛容

「ブランコ乗りとピエロ」横のコラボ

●「２才児の戦い‼ ブランコ＆パズルの取り合い！大泣きケンカおもしろ双子みたい⁉」チェリーランドチャンネル（https://www.youtube.com/watch?v=mKyfy13vPwl）

1 授業のフレームづくり

1 「ブランコ乗りとピエロ」を音読しましょう。
要するに，喧嘩して仲直りしたという物語です。

2 次の喧嘩と仲直りと比べてみましょう。二人の２歳児が喧嘩して仲直りするビデオです。
※ビデオを視聴する。

コラボ教材は「２才児の戦い‼ ブランコ＆パズルの取り合い！大泣きケンカおもしろ双子みたい⁉」（チェリーランドチャンネル）である。YouTube に現在も上がっているので是非御覧いただきたい。

前半はブランコを取り合って喧嘩している，後半はパズルピースの取り合いで喧嘩をし，大人の女性（おそらくは母親）の仲介で機嫌を直す，そんな微笑ましい映像である。

3 ２歳児の喧嘩と仲直り，「ブランコ乗りとピエロ」の喧嘩と仲直り，いったい何が違うのでしょうか。

4 確かに取り合っているものは２歳児がブランコやパズル，「ブランコ乗りとピエロ」ではスターの座，そこは違います。
しかし，欲しいものを取り合っているという点では，構造的に同じなのではないでしょうか。

2 授業の中心活動

5 二つの喧嘩と仲直り。共通点と相違点を思いつくままに書き出してみましょう。

6 揉め事において，大人と子どもとでは何が同じで何が違うのでしょうか。グループで交流して，幾つかにまとめてみましょう。

〈シンクロ道徳〉で道徳授業の精度を高める

「ソロ」「縦のコラボ」「横のコラボ」の三つの授業づくりをしようと提案する「シンクロ道徳」は，教科書教材の不備不足を補うとともに，教科書教材をより活かすための授業の工夫，更には教材研究の観点を広げることを目的に開発された授業形態である。

それぞれの教材について，「ソロ」「縦コラボ」「横コラボ」の三種類の授業を構想してみることは，図の三つが重なった▲の箇所にさまざまなものを生み出してくれる。

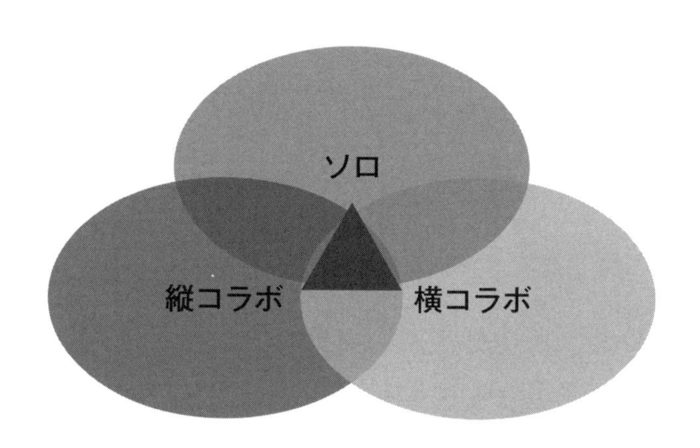

まず，第一の効果は，「縦コラボ」教材，「横コラボ」教材にはどのような教材が対置されるべきかという思考が働くことにより，教科書教材の本質を見極めようとの意識が働くことにある。道徳授業はともすると，副読本時代の悪弊が元になり，指導書や付属のワークシート，中学校では道徳係から出た指導案でお茶をにごした授業になりがちである。忙しい毎日の中，それほどの教材研究もしないままに授業に臨む。それは乾いた授業になり，子ども

たちに機能しないばかりでなく，それが続くことで子どもたちへの悪影響も見られるようになっていくだろう。私はなんとしてもそれを避けたい。

第二に，三つの授業をつくることによって，実際に子どもたちにかける授業の精度が劇的に高まることである。三つの授業を構想したとしてもその年に実際に授業にかけるのは一つである。しかし，その選択された一つの授業の精度も劇的に変容するはずだ。授業というものはその授業で扱う要素以外の要素，できれば扱う要素よりも広く深い要素を教師がどれだけもっているかによってその機能度が劇的に高まるものである。〈シンクロ道徳〉の構想はそれを実現する。

第三に，子どもたちの実態に合わせたカリキュラム開発が可能となることである。前述したように，〈シンクロ道徳〉は「ソロ」よりも「縦のコラボ」，「縦のコラボ」よりも「横のコラボ」の方が授業の次元が高くなるという特徴をもっている。「縦のコラボ」は「ソロ」よりも深い観点で教材を読み込むことを促し，「横のコラボ」はALを起動させ，子どもたちの生活実感やものの見方・考え方を引き出す効果を生む。

仮に１学期から道徳授業によって子どもたちが順調に力をつけ，広く深い思考ができるようになっていくとしたら，１学期は「ソロ」中心で行っていた授業が２学期には「縦のコラボ」中心の授業に転換していく。２学期後半からは「横のコラボ」中心にダイナミックな授業展開が構想される。こんなふうに弾力性のあるカリキュラムをつくることができるかもしれない。しかも，もしも予定されていた学習活動を行うまでに子どもたちが育っていないと判断されたならば，即座に「ソロ」に戻したり「縦のコラボ」に戻したりという柔軟性をもつことが可能となるのである。

「ソロ」「縦のコラボ」「横のコラボ」という三方向の道徳授業を構想する。その効果は，子どもたちに複数の教材から捉えた広く深い視点をシンクロさせ，教師には教材研究のさまざまな観点をシンクロさせる。私がこれに〈シンクロ道徳〉，つまり「同期する道徳」と名付けた所以でもある。

あとがき

桃﨑剛寿と出会ったのはいつのことだったろうか。まだ10年経たないような気もするし，もう10年を何年か超えたあたりのような気もする。『とっておきの道徳授業　中学校編』（日本標準）を知った私が，彼を札幌に呼んで研究会を開いたのが最初だったと思う。当時は道徳授業が現在のような関心を集めておらず，20人に満たない小さな会になったと記憶している。

そこで桃﨑剛寿の道徳授業に初めて触れた。素直におもしろいと感じた。なるほど，日常のそういうところに問題意識を向けるのか……と感心した。まえがきにも述べたが，私は国語教師であり文学教育者でもあるので，日常生活の細々としたディテールにはあまり関心を向けないところがある。そうしたことは私にとってたいしたことではなく，授業化するほどの事象ではない，私がそんなふうに感じる物事を，桃﨑は的確に教材化し，生徒たちの関心を惹きつけられるように提示していた。それが数学教師にして道徳教育者でもある桃﨑剛寿という人の存在意義なのだと素直に了解できた。

この桃﨑の問題提起に対して，私は国語教師として，文学教育者として応えなければならないな，そうしないと彼に対して失礼にあたる。私はなぜかそんな感覚を抱いた。おそらく私にそう感じさせるところが桃﨑剛寿という人間の懐の深さであったのであり，彼のもつ人間力だったのだろう。

以来，私は彼と一緒に中学校学級経営セミナーと称して全国で研究会を開催したり，熊本と札幌で互いに互いを招いて道徳の研究会を開催したり，「道徳のチカラ」の夏合宿では必ず中学校セミナーをも開いて中学校らしい道徳授業を模索したりした。この流れはいまなお続いており，年に何度も札幌に脚を運び続ける彼のフットワークの軽さも手伝って，私は彼と年に十度くらい会う生活が続いている。会う度に酒を酌み交わしながら，ああでもない，こうでもないと教育界の動向について意見を交わす。

３年ほど前だろうか，道徳の教科化を見据えていよいよ重い腰を上げざるを得なくなった私は，札幌で頻繁に道徳授業づくりの研究会を開催するようになった。この動きに賛同して一緒に道徳授業研究をしてくれる仲間が30人くらいいるだろうか。自らの問題意識を活かした自主開発教材の模擬授業を持ち寄り，それを検討し，これまたああでもない，こうでもないと意見を交わす。道徳授業研究は私のライフワークの一つになっていった。この動きの中で，私は大野睦仁と宇野弘恵という二つの感受性に出会う。いや，二人ともともと知っていたのだが，道徳の授業づくりを見るにつけ，自分にはない独特の感受性に触発されざるを得なかったのである。桃﨑同様，この二人が私にもたらしたものも大きい。

こうした動きの中で，かねてから国語科授業研究を一緒にやっていた山下幸・高橋裕章・友利真一・高橋和寛といった面々の感受性にも触れることになった。道徳授業研究には，国語科授業研究では決して見ることのできないようなレベルでその人の「人間」が出る。次々に発見される旧知の人たちの新たな側面を，私は驚きをもって捉えずにはいられなかった。道徳授業研究は，実は「人の結びつき」をも強くするのではないか。互いの「人間」に対する理解を他の手法では考えられないほどに深めるのではないか。そう思わざるを得なかった。西村弦・辻村佳子・梶原崇嗣といった，次々に斬新な授業を開発する若手教師たちにもずいぶんと触発された。いま，私の周りでは，なにか目に見えない「道徳研究のサイクル」が動き出しているように感じている。そして道徳の授業が生徒たちにも同じような効果をもつことをも感じ始めているのである。

おそらく私の道徳授業づくりに関する提案は，本書一冊で終わることはないだろうと思う。そのくらい私はいま，道徳授業づくりにやり甲斐を感じている。自主開発教材の授業づくりはこれからも続けていくだろうし，教科書教材を扱った〈シンクロ道徳〉の実践もこれから本格化していくだろう。これから楽しみでならない。

一部の方々しか名前を挙げることができなかったが，ともに道徳授業づくり研究をしてきた仲間たちに感謝申し上げる。

想い想われ／福原希己江　を聴きながら……

ボウの四十九日を過ぎた自宅書斎にて　　堀　　裕嗣

【著者紹介】
堀　裕嗣（ほり　ひろつぐ）
1966年北海道湧別町生まれ。北海道教育大学札幌校・岩見沢校修士課程国語教育専修修了。1991年北海道札幌市中学校教員として採用。1992年「研究集団ことのは」設立。
主著に，『「時短」と「成果」を両立させる　教師の仕事術10の原理・100の原則』『教師が20代で身につけたい24のこと』『教師が30代で身につけたい24のこと』『教師が40代で身につけたい24のこと』『【資料増補版】必ず成功する「学級開き」　魔法の90日間システム』『必ず成功する「行事指導」　魔法の30日間システム』『よくわかる学校現場の教育原理　教師生活を生き抜く10講』『よくわかる学校現場の教育心理学　ＡＬ時代を切り拓く10講』『国語科授業づくり10の原理・100の言語技術　義務教育で培う国語学力』（以上明治図書）ほか，著書・編著書多数。

〔本文イラスト〕木村美穂

道徳授業改革シリーズ
堀　裕嗣の道徳授業づくり
道徳授業で「深い学び」を創る

2019年７月初版第１刷刊　Ⓒ著　者　堀　裕嗣
2020年１月初版第３刷刊　発行者　藤原光政
発行所　明治図書出版株式会社
http://www.meijitosho.co.jp
（企画）及川　誠（校正）西浦実夏
〒114-0023　東京都北区滝野川7-46-1
振替00160-5-151318　電話03（5907）6703
ご注文窓口　電話03（5907）6668

＊検印省略　組版所　中央美版

Printed in Japan　ISBN978-4-18-298613-0
JASRAC 出 1902808-903